Carl Gegenbauer

Die Epiglottis, vergleichend-anatomische Studie

Carl Gegenbauer

Die Epiglottis, vergleichend-anatomische Studie

ISBN/EAN: 9783743641754

Hergestellt in Europa, USA, Kanada, Australien, Japan

Cover: Foto ©ninafisch / pixelio.de

Weitere Bücher finden Sie auf **www.hansebooks.com**

DIE EPIGLOTTIS.

VERGLEICHEND-ANATOMISCHE STUDIE

VON

CARL GEGENBAUR.

MIT 2 TAFELN UND 15 ABBILDUNGEN IM TEXTE.

LEIPZIG
VERLAG VON WILHELM ENGELMANN
1892.

HERRN GEHEIMRATH PROFESSOR

Dr ALBERT von KOELLIKER

zum

26. MÄRZ 1892.

Die anatomische Welt rüstet zur Feier des Tages, an welchem Sie vor fünfzig Jahren die medicinischen Ehren empfingen, und vielstimmig wird der Dank und die Anerkennung laut werden, welche Sie sich in rastlosem Streben als Forscher wie als Lehrer so reichlich verdienten.

In dem glänzenden Bilde Ihrer Thätigkeit, welches, Ihren Ruhm verkündend, dem rückschauenden Blicke sich aufrollt, leuchtet die Universalität aus dem weiten Umfange, in welchem Ihr Forschungsgebiet sich erstreckte. Es contrastirt mit der die fortschreitende Specialisirung begleitenden Beschränkung, die so häufig als der ausschliessliche Weg der Forschung betrachtet wird. Gewiss ist auch die Entsagung eine Tugend, welche durch reiche Früchte belohnt wird und unentbehrlich ist für den sicheren Fortschritt der Wissenschaft. Aber ebenso gewiss bedarf es einer Verknüpfung des einzeln Erkannten, der Sammlung und Ordnung zerstreuter Erfahrungsreihen unter gemeinsame Gesichtspunkte. Zu diesem synthetischen Aufschwunge führt die Analyse nur, wenn sie eine beträchtliche Summe von Einzelerfahrungen zu beherrschen vermag.

Wie sehr die hohe Bedeutung auch der extensiven Seite der Forschung Sie durchdrang, das bezeugen Ihre über alle Theilgebiete der Biologie sich verbreitenden Forschungen, erfolgreiches Eindringen in die werdenden und die gewordenen Structuren der thierischen Organismenwelt bis zu deren niedersten Zuständen. Aus jener Einsicht entsprang für Sie, nach JOHANNES MÜLLER's Vorgang, der Impuls zum oftmaligen Besuche der Meeresküsten. Zur Theilnahme an einem solchen, der Untersuchung niederer Thiere gewidmeten Aufenthalte an dem sicilischen Gestade ward mir Ihre freundliche Einladung. Dort erschloss sich mir der Blick über den unendlichen Reichthum thierischer Formen, und nach vierzig Jahren sind jene grossartigen Eindrücke vielgestaltigen Lebens noch nicht erloschen. Die damals zu Messina bei längerem Verweilen gewonnene Orientirung über zahlreiche marine Organismen war mir grösster und dauernder Gewinn. Sie bot mir zu dem bei Ihnen genossenen Unterrichte in allen Theilen der Biologie, und im persönlichen Verkehre gewonnenen Anregungen, die Vorbereitung für die auf Ihre Ermunterung hin betretene Laufbahn, welche bald zu einem glücklichen Wendepunkte kam.

So knüpft mich an Sie, Hochgeehrter Herr, das Band der Dankbarkeit, zu der ich mich in der Erinnerung jener längst vergangenen Zeiten gern bekenne. Die Widmung dieser Schrift soll dieser Gesinnung Ausdruck geben und meine besten Wünsche sollen sie zu Ihrer Jubelfeier begleiten.

Inhalt.

		Seite
	Einleitung	1
I.	Vorstufen der Epiglottis	2
II.	**Die Epiglottis der Säugethiere.**	5
	1. Epiglottis und weicher Gaumen	5
	2. Beziehungen von Organen der Mundhöhle zur Fauces-Bildung	13
	3. Die Differenzirung am Gaumensegel	19
III.	Epiglottis und Kehlkopf	23
	1. Verhalten der Epiglottis zum Aditus laryngis	24
	2. Das Stützgebilde der Epiglottis	28
	a. Form und Verbindung	28
	b. Textus des Knorpels und Verhalten zur Schleimhaut	35
VI.	Vergleichung	46
V.	Das Skelet der Luftwege	51
	1. Niederste Zustände	51
	2. Differenzirtere Formen	54
	3. Die Herkunft der Cartilago lateralis	59
VI.	Reflexion	62
	Erklärung der Figuren	70, 72

EINLEITUNG.

Jeglicher Fortschritt erweckt neue Probleme, und an manches lange Zeit als genügend erkannt geltende und deshalb ausserhalb der Bewegung gebliebene Organ treten neue Fragen heran, sobald die traditionellen Vorstellungen von demselben durch irgend eine bis dahin unberücksichtigte Thatsache ins Wanken geriethen. In diesem Falle befindet sich die Epiglottis. Die Anthropotomie weist ihr eine Function als Schutzorgan für den Eingang des Kehlkopfes zu, und dieser Wirkung entsprechen auch ihre structurellen Befunde. War auch nebenbei manche andere Beziehung bekannt, so blieb doch jene Bedeutung die Hauptsache, und man nahm keinen Anstand, dieselbe auch für alle Säugethiere geltend zu erachten. Die vor allem durch Rückert's[1] Untersuchungen bei einer Anzahl von Säugethieren in den bis dahin unveränderten Vorstellungen von der functionellen Bedeutung des Organs bewirkte Bewegung, sowie dadurch aufgedeckte neue Beziehungen liessen neue Fragen hervortreten. War mit jenem Fortschritte eine andere Meinung von dem ursprünglichen Werthe des Organs begründet, so galt es nun jener andern Bedeutung näher zu treten. Die Epiglottis des Menschen erwies sich durch die Vergleichung mit jener von Säugethieren als ein sehr verändertes Organ, verändert durch den Verlust der Beziehungen zum weichen Gaumen, und dadurch auch verändert in den physiologischen Verhältnissen. Wenngleich die Epiglottis für sich durch jene Untersuchungen, zumal diese ein anderes Ziel hatten, keine näheren Ausführungen der Structur erlangte, so eröffneten sich doch daraus manche neue Gesichtspunkte, welche zu einer Prüfung der Epiglottis und ihrer Beziehungen auch zum Kehlkopfe auffordern mussten.

Ich unternahm diese Untersuchung vom morphologischen Standpunkte. Daraus ergaben sich auch die Grundlagen für die physiologische Bedeutung, diese hat jene zur nothwendigen Voraussetzung. Wie sich in niedern Zuständen Epiglottis-Bildungen verhalten, musste vorher zu prüfen sein. Daran reihe ich die Epiglottis der Säugethiere und deren Beziehungen zum weichen Gaumen. Die daraus abzuleitenden Folgerungen für die Nahrungsaufnahme der niederen Säugethiere veranlassen eine Betrachtung mancher Organe der Mundhöhle und führen zu dem Versuche, in

---

[1] J. Rückert. Der Pharynx als Sprach- und Schluckapparat. Eine vergleichend-anatom. Studie. Mit 6 Tafeln.

diesen Einrichtungen mit den in Epiglottis und weichem Gaumen bestehenden einen Zusammenhang herzustellen.

Indem sich aus den letzteren Verhältnissen die Bedeutung der Structur des Organs ergiebt, hat eine Darstellung desselben, vorzüglich mit Berücksichtigung des Stützapparates zu folgen, wobei auch dessen Verhalten zum Laryngealskelete in den Vordergrund treten wird. Die aus dem Befunde des Epiglottisskeletes zu ziehenden Schlüsse bilden einen wesentlichen Bestandtheil der Untersuchungen, machten aber zugleich eine Prüfung der niedersten Zustände des Skelets der Luftwege nothwendig, denn eine einigermaassen sichere Deutung der Epiglottis war nur auf diesem Wege zu gewinnen. Die besondere Berücksichtigung der niederen Zustände, mit Beiseitelassen all der Abtheilungen, von denen für die fundamentalen Fragen, die ich mir stellte, keine Förderung in Aussicht stand, bedarf wohl keiner näheren Begründung.

Bildet die Epiglottis auch den Mittelpunkt der Untersuchung, wie sie deren Ausgangspunkt abgegeben hat, so gliedern sich doch nicht wenige andere Fragen an, bei denen nicht vorbeizugehen war, ohne auf die Erkenntnis der an der Herstellung des Organs betheiligten Factoren Verzicht zu leisten. Die nach vielen Seiten hin bestehenden Lücken der auf einem sehr weiten Gebiet sich bewegenden Untersuchung mögen jüngeren Forschern zum methodischen Ausbau des Begonnenen ein Anlass sein.

I. Vorstufen der Epiglottis.

Schon längst ist das für den Kehlkopf der Säugethiere so charakteristische Organ in den unteren Abteilungen luftathmender Wirbelthiere nachzuweisen versucht worden, und wir begegnen sowohl in den Monographien wie in den Hand- und Lehrbüchern der vergleichenden Anatomie vielerlei hierher bezüglichen Angaben. Wie wichtig es auch ist, das bei den Säugethieren in seiner vollkommenen Ausbildung erscheinende Organ auf niederen Stufen kennen zu lernen, um daraus den Gang seiner Phylogenese zu verstehen, so ist doch diesem Postulate zu entsprechen nur wenig versucht worden. Wenn Bischoff[1] von Lepidosiren angab, dass ein länglich ovaler faserknorpeliger Streif in der Schleimhaut vor dem Eingange in die Luftwege sich befinde, wie etwas Aehnliches auch bei Protopterus durch Wiedersheim[2] und W. N. Parker[3] angeführt ward, und Bischoff darin eine Art von Kehldeckel sehen möchte, so ist doch, bei dem Fehlen jeder weiteren Begründung dieser Deutung, an jenem Befunde kein Ausgangspunkt zu gewinnen.

Von bedeutend grösserer Wichtigkeit sind die am Kehlkopf ungeschwänzter Amphibien angestellten Untersuchungen von G. B. Howes[4]. Derselbe fand bei einer Anzahl von Anuren eine

---

1) Lepidosiren paradoxa. Leipzig 1843. S. 15.
2) Lehrbuch der vergl. Anatomie. 2. Aufl. Jena 1886. S. 654.
3) Berichte der naturforsch. Gesellschaft zu Freiburg. Bd. IV. Heft 3. 1888.
4) Proceedings of Zoolog. Society of London. 1887. S. 491.

Specialisirung der den Kehlkopfeingang umgebenden Schleimhaut in paarige Vorsprünge, bald mit, bald ohne median sie verbindende Theile. Diese theils als Papillen, theils als Falten sich darstellenden Gebilde bestehen manchmal nur am vorderen Abschnitte, manchmal sind sie in Connex mit anderen Falten, welche, als »Epilaryngealfalten« unterschieden, auch den hinteren Umfang des Aditus laryngis umsäumen. Diese sind ebenso mannigfaltig als jene, welche, am vorderen Umfange des Aditus befindlich, als »Epiglottis« gedeutet sind. Selbst bei sich nahestehenden Arten, wie z. B. Rana temporaria und R. esculenta, sind die »Epiglottispapillen« in Lage und Form nicht gleich und noch grösser sind die Differenzen in andern Gattungen. Am vollkommensten ausgebildet stellen sich die Falten bei Chiroleptes australis dar, indem hier die verschiedenen Zustände der Anderen zusammentreffen. Aber auch das Vorkommen ist selbst bei den gleichen Arten kein ganz constantes. Endlich fehlen beiderlei Bildungen in nicht wenigen der zur Untersuchung gezogenen Gattungen gänzlich. An welche Umstände das Auftreten dieser Bildungen geknüpft sei, ist nicht zu ermitteln gewesen, denn die Vermuthung, dass in ihnen sexuelle Eigenthümlichkeiten vorlägen, vielleicht solche, die mit einer Stimmbildung im Zusammenhang ständen, erwies sich als unbegründet. Die Deutung dieser Gebilde als Epiglottis stützt Howes auf die Vergleichung mit der sich entwickelnden Epiglottis des Menschen, die His[1]) zufolge ebenfalls als eine paarige Papillenbildung erscheint. Zwischen der von dem genannten Autor gegebenen Darstellung und den bei manchen Anuren bestehenden Befunden findet Howes »keine wichtige Verschiedenheit weder in der Lage noch im Ursprunge«. Derselbe sieht darin ein Anfangsstadium der Säugethier-Epiglottis, oder doch einen Parallelismus zwischen den höheren Ichthyopsiden und den höheren Primaten, in beiden Formen unter wesentlich gleichen morphologischen und wahrscheinlich auch physiologischen Verhältnissen, ohne dass jedoch daraus die Frage von der Abstammung der Säugethiere an Discutirbarkeit gewänne. Jedenfalls würden die Verknüpfungen »unterhalb der Lacertilier« zu suchen sein.

Indem wir fürs erste uns den Deductionen von Howes anschliessen können, insoweit sie jene Gebilde als »Vorstufen« einer Epiglottis darstellen, dürfen wir doch nicht zwei Divergenzpunkte übersehen. Erstens fehlt der Anurenepiglottis jegliches Stützgebilde, es sind reine Producte der Schleimhaut, zweitens sind sie nur im Bereiche der Anuren vorhanden und werden bei den Urodelen vermisst. Der erste Punkt zeigt, selbst bei Anerkennung von Beziehungen zur Mammalier-Epiglottis, jedenfalls eine sehr weite Entfernung von derselben, und diese dehnt sich noch mehr durch den zweiten Punkt, die Beschränkung auf die Anuren. Die formale Aehnlichkeit gewisser Vorsprungsbildungen am Kehlkopfeingang der Anuren mit der Epiglottis-Anlage, oder vielmehr der oberflächlichen Erscheinung derselben beim Menschen, gewinnt durch die Erwägung der systematischen Stellung der Träger jener Gebilde nicht an phylogenetischem Werthe. Wenden wir uns zu den Reptilien. Während bei Crocodilen alle hier anzuführenden Bildungen fehlen — denn die bei ihnen vorhandene Längsfalte kann gewiss nicht hierher zählen —, ergeben sich bei vielen Schildkröten, Eidechsen und Schlangen manche, längst als Epiglottis angesprochene Ein-

---

1) Anatomie menschlicher Embryonen. III 1885.

richtungen vor dem Kehlkopfeingange. In HENLE's[1] classischer Arbeit über den Kehlkopf sind diese Befunde sorgfältig dargestellt. Verschiedene Zustände sind hier auseinander zu halten. Eine nur membranöse »Epiglottis« als Falte hinter der Zungenwurzel und seitlich in die Schleimhaut des Schlundes fortgesetzt, kommt den Schildkröten ausser Testudo zu, während einige Saurier an dieser Stelle nur einen kurzen zungenförmigen Vorsprung besitzen, der sogar am freien Rande Einschnitte besitzen kann. Auch von LEYDIG[2] wird einer Schleimhautfalte als Ersatz einer Epiglottis bei Lacerta gedacht. »Eine eigentliche Epiglottis ist nicht vorhanden.«

Unter den Schlangen besteht ein kurzer schmaler Vorsprung, in welchen vom Kehlkopfskelete ein Fortsatz des Cricoidknorpels (Processus epiglotticus) einragt. Am deutlichsten tritt dieser Befund bei Crotalus hervor, während er bei vielen andern sehr unansehnlich sich darstellt. Auch ein Theil der Eidechsen bietet ähnliche Zustände. Der »Processus epiglotticus« ist aber keineswegs immer in Verbindung mit einem Vorsprung der Schleimhaut, und nicht selten kommt er ohne letzteren vor.

An diese Zustände schliessen sich auch die Vögel an, in sofern bei manchen bald nur eine quere Falte, bald ein papillenartiger Vorsprung besteht, welcher nur selten einen, gleichfalls vom Cricoid ausgehenden Processus epiglotticus einschliesst. In einzelnen Fällen gewinnt die Bildung grösseren Umfang, auch nach der Breite, und birgt dann einen sogar vom Cricoid abgelösten Skelettheil, der auch knöchern sich entfaltet (Ardea, Ciconia u. s. w.).

Man könnte versucht sein, bei einem Ueberblicke über diese Gebilde in ihnen eine in fortschreitender Ausbildung begriffene Reihe zu sehen, an welche die bei den Säugern gegebenen Verhältnisse sich anschliessen. Bevor wir jedoch die letzteren näher ins Auge fassen, wird es sich empfehlen, nur die grosse Mannigfaltigkeit zu constatiren, die bereits bei den Amphibien beginnt. Bald sind es locale Vorsprungsgebilde an der Schleimhaut, welche direct den Eingang begrenzt (anure Amphibien). Bald sind es wirkliche Falten der Schleimhaut, welche nicht unmittelbar am Eingange liegen (Schildkröten), während sie wieder in andern Fällen mehr jener Stelle angeschlossen sind (Schlangen und Eidechsen). Auch in Bezug auf Skeletgebilde besteht grosser Unterschied, in welcher nur die vom Cricoid ausgehende Fortsatzbildung als das Constante sich darstellt, und als eine von den Reptilien zu den Vögeln leitende und damit tiefer eingreifende Einrichtung der Sauropsiden erscheint.

Es ist aber damit keine zu den Säugethieren führende Brücke gebildet, wie eine solche von den Sauropsiden her überhaupt nur in höchst unsicherer Form existirt. Daher kommt dem bei Ichthyopsiden bestehenden Verhalten, obwohl hier nur aus Schleimhautfalten[3] bestehend, ein relativ grösserer Werth zu. Eine sichere Maassbestimmung jedoch kann erst aus der näheren Kenntniss der mammalen Epiglottis hervorgehen.

---

1) Vergleichend-anatomische Beschreibung des Kehlkopfes mit besonderer Berücksichtigung des Kehlkopfes der Reptilien. 4. Leipzig 1839.
2) Arten der Saurier. 1872. S. 126.
3) Eine solche epiglottisähnliche Schleimhautbildung finde ich bei Polypterus. Mehrere Millimeter vor der Eingangsspalte in die Schwimmblase besteht eine platte quere, mit abgerundetem Rande versehene Schleimhautfalte, welche

II. Die Epiglottis der Säugethiere.

Während in den als Vorstufen bezeichneten Zuständen bestimmte functionelle Beziehungen des Organs nicht mit Entschiedenheit hervortreten, ist mit der besondern Ausbildung, in welcher die Epiglottis bei allen Säugethieren sich darstellt, auch ihre functionelle Bedeutung minder verhüllt, wenn sie auch nicht überall in voller Gleichmässigkeit sich darstellt. Diese Bedeutung der Epiglottis ist an die Entstehung des weichen Gaumens geknüpft, welcher hier zum erstenmale auftritt, und zugleich ein, durch die mehr verticale Stellung der hinteren Nasenöffnungen oder Choanen seine erste Bedingung erhaltendes Cavum pharyngo-nasale zur schärferen Ausbildung bringt. Die Epiglottis trennt, indem sie hier gegen den weichen Gaumen emportritt, die Communication der Mundhöhle mit dem Pharynx in zwei seitliche Abschnitte und bringt dabei den Kehlkopfeingang mit dem Cavum pharyngo-nasale in nähere Beziehung, welche manchen Modificationen unterworfen ist. Dieser neue Zustand, von welchem Rückert die erste genauere Kenntniss gab, steht also in Beziehung zur Athmung und zur Ernährung. Beide Beziehungen betrachten wir vereint, indem wir die ihnen gemeinsame Einrichtung vorführen. Da aber für die Ernährung besondere, nicht blos am Pharynx erkennbare Verhältnisse sich ergeben, werden diese gesondert vorzuführen sein.

1. Epiglottis und weicher Gaumen.

Die ersten Anfänge der Bildung des weichen Gaumens sind uns unbekannt und wir können nur erschliessen, dass eine Wanderung der Muskulatur aus der seitlichen Wand des Ueberganges der Mundhöhle zum Pharynx an die Umgrenzung der Choanen den Ausgangspunkt muss dargestellt haben. Da wir wissen, dass die Choanenbildung ein allmählich sich vollziehender Vorgang ist, der bei Reptilien in seinen einzelnen Stufen erkennbar und ontogenetisch auch bei den Säugethieren in ähnlicher Weise sich darstellt, so werden wir daran auch die Entstehung des weichen Gaumens zu knüpfen haben. Wie die Choanenbildung der Säugethiere den harten Gaumen vervollständigt, so ist damit auch die Entstehung des Gaumensegels im Zusammenhang, wie die Ontogenese das erweist.

Bereits bei den Monotremen hat die Ausbildung des weichen Gaumens eine hohe Stufe erreicht, und das Velum senkt sich vor der Epiglottis herab. Zu deren beiden Seiten besteht ein verhältnissmässig enger Speiseweg, den wir als Fauces bezeichnen wollen. (S. un-

---

bei einer Breite von 3 mm frei vorspringt. Vor ihr befindet sich eine nicht freie Falte von grösserem Umfange, aber nur als leichte Erhebung. Gegen diese verlaufen von vorne her Längsfalten, von denen die seitlichen, im Verlaufe nach hinten umbiegend, jene vorderste Falte umziehen. Ich kann in diesem Verhalten nur eine Anpassung des Faltenverlaufs an die Schwimmblasenmündung sehen, und möchte auch die freie Falte nicht auf eine Epiglottisbildung beziehen, zumal sie jenem Eingange nicht unmittelbar benachbart ist.

stehende Figur.) Bei Ornithorhynchus hat RÜCKERT, bei Echidna M. C. WALKER[1]) diesen Befund beschrieben, für beide Gattungen konnte ich jene Angaben constatiren. Die Erwägung der bedeutenden Divergenz der in beiden Gattungen bestehenden Ueberreste promammaler Formen lässt jenes Verhältniss des weichen Gaumens als ein für den Säugethierstamm fundamentales erscheinen.

Fig. 1. Pharynx u. Kehlkopf von Ornithorhynchus in dorsaler Ansicht.
P Pharyngonasal-Raum, *E* Epiglottis, ⁓ Beginn des Oesophagus, * Fauces. (Natürliche Grösse.)

Unter den Marsupialiern beginnt eine Umgestaltung sich geltend zu machen. Das bei den Monotremen zur Seite vor dem Larynx sich anfügende Velum erstreckt sich hier weiter in den Pharynx, sein freier Rand legt sich an die Wand des letzteren, wodurch es zur Ausbildung von Pharynxbogen (Arcus palato-pharyngeus) kommt. Bezüglich des genaueren Verhaltens lauten die Angaben nur hinsichtlich der Beziehung zur Epiglottis übereinstimmend, vor welcher das Velum allgemein sich herabsenkt, dagegen bleiben die Fortsetzungen des Velum in die Pharynxbogen in manchen der Darstellungen unaufgeklärt. Eine Vorstellung des thatsächlichen Befundes war aus der eigenen Untersuchung zu gewinnen. Bei Perameles (P. Gunnii) finde ich das Velum mit membranösem freiem Rande versehen und mit diesem in die Pharynxbogen auslaufen, welche sich gegen die dorsale Pharynxwand einander nähern. Es besteht so eine weite Communication des Cavum pharyngo-nasale, gegen welche der Eingang des Kehlkopfes sieht, und unterhalb der Pharynxbogen verläuft lateral der von der Epiglottis getrennte Speiseweg. Aehnliches findet sich auch bei Phascogale (Ph. penicillata), doch ist hier eine hintere Vereinigung der Pharynxbogen ausgesprochen, so dass das Cavum pharyngo-nasale eine nach dem Kehlkopfe zu offene Tasche bildet. Dasyurus (D. viverrinus) besitzt diese Tasche in vollkommener Ausbildung, indem sie nur eine 7 mm lange Communicationsöffnung gegen den Larynx besitzt; die Ränder dieser spaltförmigen Oeffnung sind membranös, aber in geringer Entfernung folgt Muskulatur, welche in den Pharynxbogen bis in die Platte des Velums selbst zunimmt. Didelphys (D. virginiana) zeigte dasselbe Verhalten. Ueber die Stellung der Epiglottis zum Velum bei denselben siehe auch die Abbildung SELENKA's[2]). Die angegebenen Verhältnisse zeigen sich in Uebereinstimmung mit den durch POULTON[3]) von Acrobates (A. pygmaeus) bekannt gewordenen, ebenso wie mit jenen, welche HOWES[4]) bei Myrmecobius (M. fasciatus) auffand. Nach demselben Forscher sollen bei Phalangista (Ph. vulpina), von der er vier Exemplare untersuchen konnte, andere Einrichtungen obwalten, denn er sagt zwar von der Epiglottis aus, dass sie nur in einem Falle das Velum überragt habe, aber aufrecht und verschmälert gewesen sei, jedoch über das Velum selbst ist keine Bemerkung gemacht. Ich finde nun das Velum bei derselben, mir allerdings nur in einem Exemplare zu Gebote stehenden Phalangista-Art wesentlich in Uebereinstimmung mit den anderen untersuchten Beutelthieren, wie mit Myrmecobius nach der Darstellung von HOWES, so dass ich das

---

1) Studies from the Museum of Zoology, University College. Dundee 1889.
2) Studien zur Entwickelungsgeschichte, IV, 2. Taf. XXIX, Fig. 3.
3) Proceedings of the Zoolog. Society. 1884. p. 616.
4) Journal of Anatomy and Physiology. Vol. XXIII. p. 590.

Verhalten der letzteren Gattung mit Phalangista verglichen keineswegs als »somewhat exceptionally« bezeichnen kann. Aus dem sehr langen Velum setzen sich die Pharynxbogen nach hinten und dorsalwärts zur Umschliessung einer Pharyngo-nasaltasche fort, welche durch eine schlitzförmige Oeffnung mit dem Aditus laryngis communicirt. Der Raum dieser Tasche setzt sich blind geendigt noch hinter dieser Spalte fort, deren unmittelbare Begrenzung die rein membranösen Ränder der Pharynxbogen bilden. Die Länge der Spalte betrug 9 mm. Vorn lief sie ganz schmal aus, hinten war sie auf 2 mm erweitert und hier ragten die hinteren Enden der Stellknorpel in sie ein. Dass in der Mittellinie der ebenen Fläche des Velum ein verdickter Streif bis zum freien Rande des Velum verlief, sei noch angemerkt. Ob ihm ein Muskelzug entspricht, ward nicht von mir ermittelt.

Von diesen bisher von mir dargestellten Befunden scheinen nach den Angaben Anderer die Macropodiden Abweichendes darzubieten. Rückert[1]) bemerkt von Macropus nur in der Kürze, dass er »an demselben das gleiche Verhältniss zwischen Isthmus pharyngo-nasalis und Kehlkopf« wie bei den übrigen Säugethieren constatiren konnte. Das bezieht sich wohl nur auf das Allgemeinste, und berührt nicht das Verhalten der Pharynxbogen, deren verschiedene Zustände »bei den andern Säugethieren« diesem Autor nicht entgangen sind.

Etwas eingehender beschreibt Waldeyer[2]) die betreffenden Regionen von Macropus melanopus und Petrogale xanthopus. Das Velum palatinum ragt zwischen Zunge und Epiglottis herab. Die Plicae pharyngo-palatinae sind bei der erstgenannten Art stark entwickelt. Von ihrem Verlaufe ist nichts näheres angegeben, so dass das bei den meisten placentalen Säugethieren bestehende Verhalten anzunehmen wäre. Es war mir daher überraschend, bei einem Halmaturus (H. Billardieri) von den andern Beutelthieren wenig Abweichendes anzutreffen. Das Velum setzte sich seitlich in breite, nach hinten verschmälerte Falten fort, welche dorsal an der Pharynxwand verliefen und eine 14 mm lange Spalte begrenzten, die dem Kehlkopfeingang entsprach. Der grösste Theil des Velum erschien membranös, und namentlich die Pharynxbogen waren von bedeutender Dünne. Sie enthielten aber dennoch eine Muskelschicht, die nur eine unmittelbar die Spalte begrenzende Zone frei liess. Vollständig muskulös bis zum Rande finde ich die Pharynxbogen bei einer anderen Art (H. ualabatus), bei welcher die Tasche zugleich bedeutend vorspringt und sich scharf von der übrigen Pharynxwand abhebt. An der dorsalen Wand der Tasche verlaufen starke Längsfalten, welche von der Spalte her sichtbar sind. Wie das

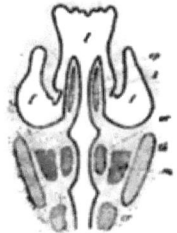

Fig II. Frontalschnitt durch den Kehlkopf eines 6,5 cm grossen Beuteljungen von Halmaturus. *ep* Epiglottis, *k* Knorpel desselben, *th* Thyreoid, *cr* Cricoid. *ar* Stellknorpel, *m* Musc. thyrearytaenoideus, *f* Faucen, *t* Cavum pharyngo-nasale, *f* Fauces.

Verhalten der Luftwege zu den Fauces schon bei sehr jungen Thieren sich darstellt, zeigt die nebenstehende Figur II. So fand sich also auch hier der Pharyngonasalraum zu einer Tasche

---

1) Op. cit. p. 44. Anmerkung.
2) Sitzungsber. d. Kgl. preuss. Akad. d. Wissensch. 1895. S. 247.

ausgestaltet, die mit einer Längsspalte dem Larynx correspondirte. Schwerlich wird man annehmen dürfen, dass andere Macropodiden bedeutendere Abweichungen darbieten.

In der Zusammenfassung der von Marsupialiern dargelegten Zustände des Velum palatinum tritt das Bestehen einer Pharyngonasaltasche hervor, welche durch die hinterwärts zur dorsalen Pharynxwand ziehenden und sich hier vereinigenden Pharyngealbogen abgeschlossen wird und nur median durch eine Spalte mit dem Larynx communicirt. Diese Beziehung sprach sich in einer nicht geringen Anzahl der untersuchten Fälle nicht zu Gunsten der Lage der Epiglottis auf dem Gaumensegel und damit einer »intranarialen« Lage derselben aus; von den zu meiner Untersuchung gelangten Exemplaren war nur bei Perameles die Epiglottis in jener Tasche befindlich, bei allen übrigen fand sich das Velum hinter der Epiglottis vor, und auch Howes hat bei 3 Exemplaren von Phalangista ein ähnliches Verhalten constatiren können. Ich ziehe daraus nicht den Schluss, dass auch während des Lebens jene Lage der Epiglottis stets bestanden habe, vielmehr schliesse ich mich den Vorgängern an, indem auch ich die Einlagerung der Epiglottis in die Pharyngonasaltasche oder den intranarialen Raum (wie ihn Jene nannten, welche seine bei Beutelthieren bestehende Taschenform minder würdigten) als die Norm betrachte. Die davon abweichenden Fälle können vielleicht als post mortem aufgetretene Zustände gelten, oder als solche, welche bei der anatomischen Behandlung der Objecte eintraten. Dabei ist jedoch ein Punkt nicht zu übersehen, nämlich die Beweglichkeit der Gebilde, um die es sich handelt. Der Pharynx mit seiner Tasche, wie auch der Kehlkopf sind durch die ihnen zugetheilte Musculatur gewiss auch in ihrer gegenseitigen Lagebeziehung veränderlich, und es darf daher ein temporärer Wechsel des Zustandes nicht von vorne herein ausgeschlossen werden, selbst wenn der Befund immer in der gleichen Weise sich darstellte.

Vergleichen wir diese Einrichtung des Velums der Marsupialier[1] mit jener der Monotremen, so ist, abgesehen von der viel bedeutenderen Länge des Velums der letzteren, die Verlaufsrichtung des Bogentheils des Velums in hohem Maasse different. Die Gaumenbogen erreichen die Pharynxwand bei den Monotremen noch an der Seite des Larynx, während sie bei den Marsupialiern zur dorsalen Pharynxwand convergiren. Man könnte daraus auf eine morphologische Verschiedenartigkeit dieser Bogen schliessen, wenn für die in ihnen enthaltene Musculatur differente Abstammung bestände. Bis jetzt ist dafür noch kein Nachweis erbracht, und in beiden Fällen ist die Musculatur in jene des Pharynx verfolgbar. Ein Uebertritt von Muskelzügen aus der Zunge ist bei Monotremen schon durch den bedeutend längeren Raum zwischen Zungenwurzel und Isthmus faucium ausgeschlossen, und kommt auch, so weit ich sehen kann, bei Beutelthieren nicht vor. Demzufolge ist auch der Arcus palato-glossus nicht ausgebildet, und es kann höchstens eine leichte

---

1) Die Einrichtung beginnt auch hier sehr frühzeitig ihre Bedeutung zu äussern, indem sie die Nahrungsaufnahme aus den Zitzen der Mutter bei gleichzeitigem Offenbleiben des Luftwege möglich macht. Ob damit auch die Aenderung der Richtung des Velums in Zusammenhang steht resp. sich davon ableitet, kann nicht sicher begründet werden, da eben doch unbekannt ist, ob die prosimmalen Vorfahren der Marsupialia in allem unseren Monotremen entsprachen. Zweifellos dagegen kann gelten, dass das neue Verhalten durch den Abschluss des Cavum pharyngo-nasale für jene Periode flüssiger Nahrungsaufnahme von der grössten Bedeutung ist. Diese wird selbstverständlich auch für die Placentalier gewahrt, da hier die erste Ernährung nach der Geburt in gleicher Weise stattfindet.

Schleimhauterhebung, welche bei Beutelthieren vor der häufig weit dorsal befindlichen Tonsille[1]) sich findet, mit jener Benennung belegt werden. Wenn wir so keinen zureichenden Grund finden, die so divergenten Zustände bei Monotremen und Marsupialiern als heterogene anzusehen, werden wir sie vorläufig als verschiedene Zustände einer und derselben Einrichtung gelten lassen, die wahrscheinlich bei den Monotremen die primitivere Form an sich trägt.

Die placentalen Säugethiere liefern in der noch grösseren Mannigfaltigkeit jener Verhältnisse nur Belege für die Zusammengehörigkeit der vorerwähnten Zustände, für welche sie auch vermittelnde Einrichtungen darbieten. Durch die Arbeiten von RÜCKERT, WALDEYER und HOWES, wie auch durch die von denselben in der älteren Literatur nachgewiesenen Fälle, gestaltet sich unsere Kenntniss vom Gaumensegel der Placentalier zu einer ziemlich umfänglichen, wofür in der von HOWES gegebenen Zusammenstellung[2], eine gute Uebersicht geboten ist. Bei dem einer grossen Anzahl von Säugethieren Gemeinsamen, nämlich der Anlagerung des Velum vor die Epiglottis und dem dadurch bedingten Eintritt des Aditus laryngis in den Naso-pharyngealraum, bestehen für das Verhalten der Gaumenbogen nicht geringe Differenzen. Durch RÜCKERT sind zahlreiche Zustände, auch in Bezug auf die Muskulatur, genauer beschrieben, während die Beziehung der Epiglottis zum Velum das Interesse späterer Untersucher vorwiegend beschäftigt hat. Jenen Verschiedenheiten des Velum liegt wesentlich das Verhalten der Pharynxbogen zu Grunde. Je nachdem diese mehr ventral, dem Larynx genähert, verlaufen oder in die seitliche Pharynxwand übergehen, oder endlich convergirend zur dorsalen Wand ziehen, entstehen verschiedene Zustände, bei denen allen das Velum selbst seine Lage vor der Epiglottis behalten kann.

Wenn wir für die vergleichende Beurtheilung dieser Verhältnisse den Ausgang von den niedersten Säugethiertypen, Monotremen und Beutelthieren nehmen, so entsteht die Frage, bei welchen dieser Abtheilungen wir Anschlüsse zu suchen haben, und wo bei den Placentaliern selbst die Vergleichung einzusetzen hat. In dieser Hinsicht wird kein Zweifel bestehen, dass zunächst die niederen Ordnungen in Betracht zu kommen haben. Bei den Edentaten kommen noch Einrichtungen vor (z. B. bei Dasypus nach RÜCKERT), welche an die Zustände des Velum bei Monotremen erinnern und dadurch Anlass geben können zu einer Anknüpfung an jene, aber durch die Mittheilung von HOWES über andere Edentaten ist für eine genauere Vergleichung keine sichere Grundlage geboten. Wir finden vielmehr in anderen niederen Ordnungen den Beutelthieren näher stehende Einrichtungen. Der Abschluss des Cavum pharyngo-nasale durch einen vom Velum und Pharynxbogen zur hinteren Pharynxwand ziehenden Ring ist bei Nagethieren verbreitet (z. B. Lepus, Cavia, nach RÜCKERT) und hier kommt es bei Hydrochoerus sogar zu einer hochgradig muskulösen Sonderung, die von MORGAN[3]) schon vor längerer Zeit ausführlich dargestellt wurde. Das Bestehen

---

[1]) Für die Tonsillen der Beutelthiere sei hier gelegentlich angeführt, dass ich von denselben zweierlei Zustände beobachtete. Kurze, abgerundete Längserhebungen bilden sie bei Dasyurus, in Taschenform stellen sie sich bei Perameles und Phalangista dar.
[2]) l. c. S. 595.
[3]) Transact. Linnean Society. Vol. XVI. 1833.

eines Isthmus pharyngo-nasalis Rückert) ist nicht minder bei Insectivoren erkannt (Erinaceus, Talpa) und kehrt auch bei den Ungulaten in einzelnen Fällen sehr ausgebildet wieder, wie z. B. bei Sus und Equus, in eigenthümlicher Modification bei Camelus. Auch bei Elephas besteht jener muskulös umrandete Isthmus nach Mojsisovics'], und in etwas anderer Weise und neuen Einrichtungen angepasst bei den Cetaceen, wo seine Verhältnisse durch eine grosse Anzahl von Forschern Darstellung fanden. Wie die extremeren Zustände sämmtlich auf einfachere hinführen, so treffen sich diese wieder in einem gemeinsamen Punkte, welcher uns das Velum mit den Pharynxbogen zur hinteren Pharynxwand fortgesetzt und dabei einen den Kehlkopfeingang umfassenden Isthmus pharyngo-nasalis zeigt. Nachdem wir oben bei den Beutelthieren die gleiche Bildung als allgemeine Einrichtung vorfanden, die nur durch die geringere Ausbildung der Muskulatur[2] eine Verschiedenheit darbot, wird es geboten sein, hier den Ausgangspunkt zu nehmen, und in dem mehr membranösen, weil vorwiegend durch die Schleimhaut dargestellten Septum pharyngo-nasale ältere Zustände zu erkennen, als da, wo die sonst meistentheils nur schwach entfaltete Muskulatur zu einem bedeutenderen Umfange gelangt ist. Die bei den Placentaliern dadurch gewonnene grössere Ausbildung liefert auch die Grundlage für alle die mannigfachen in einzelnen grösseren Abtheilungen oder auch Gattungen vorhandenen besonderen Anpassungen des Apparates, deren vorhin einige in Kürze erwähnt sind.

Die Ausbildung eines vom Velum zur hinteren Pharynxwand ziehenden M. palato-pharyngeus aus der pharyngealen Muskulatur scheint auch in Ersatz zu treten für die frühere Endigung der den Pharynxbogen darstellenden Schleimhautfalte. Rückert hat auf die Fortsetzung der muskulären Umrandung des Isthmus pharyngo-nasalis bei jenen Wiederkäuern und Carnivoren hingewiesen, bei denen »weder ein Wulst noch eine Falte« sich von dem hinteren Gaumenbogen auf die Hinterwand des Pharynx fortgesetzt zeigt. Neuerdings ward für die Wiederkäuer auch durch Zander[3] dieses Verhalten hervorgehoben. Dass die Pharynxbogen aber auch bei solchen Thieren, bei denen sie in der Regel sich nicht in der hinteren Pharynxwand unter einander zu einem Wulst verbinden, diesen hin und wieder deutlich erkennen lassen, fand ich bei Canis vulpes. Hier soll Rückert zufolge weder Wulst noch Falte bestehen, aber in einem Falle traf ich doch (an den Medianschnitten eines gehärteten Kopfes) einen deutlichen Wulst an, zu dem die Pharynxbogen verliefen. An einem zweiten Präparate der gleichen Art war nichts davon wahrnehmbar. Wenn es auch möglich ist, dass solche Verschiedenheiten auf individuellen Schwankungen beruhen — auch Rückert meldet von solchen bei anderen Gattungen — so glaube ich doch, dass bei der Beurtheilung dieser Fälle dem jeweiligen Contractionszustande der Muskeln Rechnung getragen werden muss, und dass die Verschiedenheit mancher jener Befunde in einem mehr oder weniger zusammengezogenen Zustande der Muskulatur Erklärung finden kann.

---

1) Arch. f. Naturgeschichte. XLV. Jahrg. 1879.
2) Hinsichtlich der Muskulatur des weichen Gaumens verweise ich auf die bezügliche Literatur, besonders auf v. Kostanecki, Zur Morphologie der Tubengaumenmuskulatur. Arch. f. Anat. 1891. S. 145. Ausser dem Tensor veli bildet der Musc. palato-pharyngeus in den niederen Formen (Ornithorhynchus und Marsupialia) die einzige Muskulatur.
3) Schriften der physikal.-ökonom. Gesellsch. in Königsberg. XXXI. Jahrg. 1890.

Wie bei einem Theile der Carnivoren und Ungulaten die vorbesprochene Umrandung des Isthmus pharyngo-nasalis am hinteren Abschnitte verloren ging, so ist auch bei den Primaten eine solche Aenderung herrschend geworden. Bei den Prosimiern haben sich jedoch noch deutliche Spuren eines primitiveren Zustandes, als welchen wir jenen der Beutelthiere ansehen, erhalten. Bei Lemur (L. varius) überlagert die ansehnliche Epiglottis das Velum, welches um den Kehlkopf herum die Pharynxbogen zur hinteren Pharynxwand sendet und sie hier in eine feine Leiste übergeben lässt. Die von der Epiglottis überlagerte, bis zu deren Grund reichende Strecke des Velums ist dünnhäutig und setzt sich in dieser Beschaffenheit in die Pharynxbogen fort, während die vordere, sehr lange Strecke des Velums eine derbe, grösstentheils muskulöse Platte vorstellt. Die Einrichtung stimmt somit mit dem Marsupialier-Typus, bis auf den hintersten Abschnitt, der nicht mehr, wie dort, membranös vorspringt. Aber die feine, weisslich sich abhebende Leiste ist ein Rest jenes Vorsprunges. Bei andern Arten dieser Gattung sind solche Verhältnisse nicht bekannt geworden. Von Lemur anjouanensis hat Rückert, von Lemur catta Howes nichts von einer Fortsetzung der Pharynxbogen erwähnt, und wenn ersterer in dem Abschnitte über die Arcus palatopharyngei für alle von ihm durch Präparation untersuchten Säugethiere, mit Ausnahme von Cynocephalus, Cercopithecus und vom Menschen aussagt, dass er den Isthmus pharyngo-nasalis als geschlossenen Ring gefunden habe, der auch hinten durch eine äussere Schleimhautfalte oder einen Wulst abgegrenzt war, so kann ich dem wenigstens für den gleichfalls von Rückert untersuchten Stenops (St. gracilis) nicht beistimmen. Hier habe ich jede solche Grenze vermisst, und das Velum, von der hier kurzen Epiglottis nur wenig überlagert, lateral in schräg abwärts steigende Pharynxbogen fortgesetzt gesehen.

Für die übrigen Primaten ist die frühere Endigung der Pharynxbogen zur Regel geworden, und alle Andeutungen einer Fortsetzung derselben zur hinteren Pharynxwand fehlen. Wir werden aber hier eine Compensation durch die Muskulatur nicht in dem gleichen Sinne wie bei den früher besprochenen Abtheilungen annehmen dürfen, da das Velum fast ausnahmslos nicht zum Zungengrunde herabreicht. Durch die Muskulatur der Pharynxbogen wird somit für den Pharyngonasalraum kein völliger Abschluss gegen das Cavum oris erzielt, und es muss dieser Muskulatur eine andere functionelle Bedeutung zugesprochen werden. Die Verknüpfung mit dem primitiveren Verhalten bleibt aber doch noch deutlich, und zwar durch die Beschaffenheit des Gaumensegels beim Orang. Da dieses Verhalten auch nach einer weiter unten zu berührenden Seite hin von Bedeutung ist, sei es hier mit Zugrundelegung meiner eigenen Wahrnehmungen bei einem jungen Orang etwas eingehender behandelt.

Durch zahlreiche Beschreibungen des Velum palatinum von Pithecus satyrus ist festgestellt, dass dasselbe, verschieden von anderen Anthropoiden, mit seinem freien Rande einen einfachen Bogen bildet. Bischoff[1]) erweiterte die Kenntniss des Organes durch den Nachweis eines auf der Hinterfläche stark vortretenden Längswulstes, welcher zwar den freien Rand des Velum nicht erreicht, aber

---

[1]) Beitr. zur Anatomie des Gorilla. Abhandl. d. K. bayr. Acad. II. Cl. XIII. Bd.

einen Muskel umschliessend, als Uvula zu deuten ist. Auch von RÜCKERT, WALDEYER und CHAP-
MAN[1]) ist dieser Zustand, ebenso wie das Herabtreten des Velum vor der Epiglottis bestätigt
worden. Von Interesse war mir das Verhalten der Muskulatur, diese liess den Rand auf einer
median 5 mm betragenden Strecke frei, und dieser nur von einer Schleimhaut-Duplicatur gebildete
Saum setzte sich auch auf die Pharynxbogen fort, so dass am Velum ein muskulöser und ein
membranöser Theil zu unterscheiden war. Wenn wir der Verbreitung membranöser Strecken
bei Beutelthieren und ihres Vorkommens auch bei Lemur gedenken, so werden wir beim Orang
an diese Zustände erinnert; ob diese aber von jenen direct abzuleiten seien, möchte ich für fraglich
halten. Was die Muskulatur speciell betrifft, so strahlt der M. palato-pharyngeus emporsteigend
nach dem Uvular-Wulste aus, wobei seine hintersten, d. h. dem Rande des Velums genäherten Züge
dünner, auch hin und wieder auseinander weichend sich darstellen. Die Muskelzüge des Uvular-
wulstes treten auch etwas über jene hinaus, weiter gegen den freien Rand vor, zum Theile mit
jenen sich durchflechtend. Damit ist in dem Verhalten der Muskulatur der Zustand des
Velums der Anthropoiden vorgebildet; würde man sich die blosse Schleimhautduplicatur, an
deren Muskelgrenze nur noch einzelne schwache Muskelfaserzüge verlaufen, reducirt denken, so
träte das Velum in einer von anderen Anthropoiden wenig abweichenden Form hervor, es bestän-
den muskulöse Pharynxbogen, die zu einer nur etwas weniger vorspringenden Uvula ziehen.
Darin steht also das Velum des Orang nicht auf so tiefer Organisationsstufe, wie andere Beobachter
es auffassten, es entfernt sich nicht so weit von den nächst verwandten Formen, wenn es auch
keineswegs mit jenem der andern identificirt werden darf. Denn eben in seiner membranösen Fortsetzung hat es doch noch einen niederen Zustand bewahrt.

Aus dem Verhalten des weichen Gaumens zur Epiglottis ist zu ersehen, dass die letztere
nicht bloss eine den Kehlkopf zum Cavum pharyngo-nasale fortsetzende Einrichtung bildet, sondern auch dem Muskelzuge Widerstand zu leisten und damit als Stützgebilde zu dienen hat.
Diese Leistung ist schon bei den Monotremen zu erkennen und wird bei den Marsupialiern in
erhöhter Bedeutung getroffen, bis zu jenen Zuständen, da das Velum dem Contacte mit der
Epiglottis sich entzogen hat. Es ist vornehmlich die zum M. palato-pharyngeus gesonderte Muskulatur, welche die Epiglottis von vorne her umfasst, und ein Anstemmen derselben zum Offenhalten des Luftweges nöthig macht. Nicht minder wird eine Widerstandsleistung beim Passiren
eines Bissens auf dem seitlichen Wege erfordert. Aus allem ersehen wir bedeutende Ansprüche
an die Stützfunction der Epiglottis, und werden daher zu ermitteln haben, durch welche Einrichtungen sie dieser zu entsprechen vermag. Dass diese functionellen Anforderungen schon im
ersten uns bekannten Zustande des Organs vorhanden sind, und erst in den höhern Abtheilungen
schwinden, ist von nicht minderem Belange für die Frage, auf welche Art die Epiglottis als ein
Stützorgan entstanden ist.

---

1) Proceedings of the Acad. of natur. Sciences of Philadelphia. 1883.

2. Beziehungen von Organen der Mundhöhle zur Fauces-Bildung.

Bei der Prüfung der Factoren, welche wir in der Ausbildung einer für die Säugethiere so eigenthümlichen, im Vorhergehenden betrachteten Einrichtung als wirksam anzusehen haben, können wir nicht von indifferenten oder Anfangszuständen ausgehen. Solche fehlen gänzlich bei Amphibien und Sauropsiden. Bereits die Monotremen treten uns mit jener Einrichtung in voller Ausbildung entgegen, und wie sehr bei den eigentlichen Säugethieren noch manches bezüglich der Musculatur sich neu gestaltet, so ist doch dort schon alles Wesentliche erreicht. Dort aber, bei den Monotremen, werden noch am ehesten Zustände zu finden sein, welche uns wenigstens einen Einblick in die functionellen Bedingungen jener Organisation gestatten können. Erst aus der Erkenntniss des physiologischen Bedürfnisses kann der Vorgang des Entstehens der Einrichtung auch in causaler Beziehung gewürdigt werden.

Es ist klar, dass eine Schutzvorrichtung für die Luftwege vorliegt. Sie ist aber eigenthümlicher Art, ganz verschieden von den bei Amphibien und Sauropsiden hierher zielenden Einrichtungen. Hier sichert der durch Musculatur bewirkte Verschluss des Kehlkopfs den letzteren gegen das störende Eindringen von Ingestis. Weshalb ist dieses einfachere, keine Mitbetheiligung der ferneren Umgebung beanspruchende Verhalten nicht auch bei den Säugethieren bewahrt worden? Mag die neue Einrichtung auch eine vollkommenere sein, und sie ist es bestimmt, so wird doch daraus kein rechtes Verständniss ihrer Besonderheit entspringen.

Die Betrachtung der Art der Nahrungsbewältigung bei den Monotremen lässt uns bedeutende Eigenthümlichkeiten erkennen. Die Nahrung zerkleinernde Apparate bestehen in der Mundhöhle von Echidna wie von Ornithorhynchus. Bei Echidna zeigt die Zunge[1] eine Sonderung in zwei

---

[1] Die Zunge von Echidna bietet manche bemerkenswerthe Befunde. Diese stimmen in den verschiedenen Arten von Echidna nicht ganz überein, indem eine einfachere und eine complicirtere Form besteht, die aber beide den Besitz von sehr festen Hornzähnchen gemein haben. Ich halte mich in der Beschreibung an die complicirtere Form, welche wahrscheinlich Echidna setosa angehört, die die von E. Home dargestellte Zunge von E. hystrix die einfachere Form darbietet. Beim Uebergange des vorderen schlanken Abschnittes in den die »Zähnchen« tragenden hinteren besteht eine allmählich an Umfang zunehmende Querfalte, von denen die hinterste durch eine tiefe Querspalte von dem zahntragenden Abschnitte geschieden wird. Der zahntragende hintere Zungentheil ist stark gewölbt und fällt nach hinten steil ab, und zwar in beträchtlicher Entfernung von der Epiglottis. Die Zwischenstrecke wird durch Schleimhautfalten ausgezeichnet, welche zu 3—4 so angeordnet sind, dass jede Falte lateral verbreitert nach der anderen Seite schmal ausläuft. Beim Vorziehen der Zunge findet zwar kein Verstreichen der Falten, aber eine Verbreiterung der die Falten trennenden Furchen statt. Das ganze Verhalten spricht für einen den Bewegungen der Zungenwurzel zugemessenen bedeutenden Spielraum. Bei der Wirkung der Zunge gegen die Kauleisten des Gaumens scheint die Vor- und Rückwärtsbewegung des Organes die bedeutendste Rolle zuzukommen.

Was die Zähnchen oder Stacheln betrifft, so sind sie in regelmässige Reihen angeordnet, welche aber die Wölbung des betreffenden Zungenabschnittes noch lateral verlassen. Die Anordnung der Reihen ist in V-Form. Jedes der kleinen bräunlichen Zähnchen tritt wie aus einer Vertiefung hervor. Sowohl durch die Oertlichkeit des Vorkommens als auch durch die Anordnung der Reihen wird an die Papillae circumvallatae erinnert, welche den Monotremen fehlen. So dürfte man daran denken können, dass jene Papillen aus zähnchentragenden Gebilden hervorgegangen seien, Reste eines bei Promammaliern auf die Zerkleinerung der Nahrung wirkenden Apparates.

Die Beziehung der Hornzähne von Ornithorhynchus auf jene von Echidna oder vielmehr deren Ableitung von einem dem hinteren Abschnitte der Zunge zukommenden ausgebreiteten Zahn-Apparate scheint durch die von E. B. Poulton

functionell differente Abschnitte. Während der vordere schlanke bekanntlich in eigenthümlicher Weise zur Aufnahme der Nahrung dient, ist der hintere bedeutend höhere und daher auch muskulösere durch einen Besatz von reihenweise stehenden, sehr festen Hornzähnchen[1]) ausgezeichnet, welche gegen scharf vorspringende Querleisten der hinteren Region des harten Gaumens zu wirken im Stande sind. Es besteht hier ein Mahlapparat sehr wirksamer Art. Die Ingesta werden von ihm gründlich zerkleinert. Eine fein geriebene Masse, in welcher Hautskelettheile von Insecten leicht

Fig. III. Zunge von Ornithorhynchus.
A dorsal, B lateral gesehen.

zu erkennen sind, ist das Product jener Mahlwirkung und wird auf dem Wege zur Speiseröhre angetroffen. Vorrichtungen zur Zerkleinerung der Nahrung bestehen auch bei Ornithorhynchus. Hier sind es die Kauplatten, welche an die Stelle eines nur in der Anlage erscheinenden Gebisses treten, und den hinteren Abschnitt der Kiefer bedecken. Die Zunge nimmt in sofern an dieser Einrichtung theil, als sie, gleichfalls in zwei Strecken gesondert, einen hinteren, muskulösen Abschnitt der Ausdehnung jener Kauplatten entsprechend besitzt (vergl. Fig. III), mit denen er wohl in Cooperation thätig ist. Die gleichfalls aus Gliederthieren bestehende Nahrung erfährt also auch hier eine feine Zerkleinerung und gelangt nur in diesem Zustande zum Oesophagus.

Wir sehen also bei den beiden Monotremen-Gattungen fein zerriebene Nahrungsmassen auf dem Wege in die Speiseröhre, auf welchem für sie nur ein enger paariger Durchlass unter dem Velum zur Seite der Epiglottis existirt, die Fauces. Es werden daher jeweils nur kleine Mengen diesen Weg beschreiten, und demgemäss muss der Vorgang der Nahrungsbewältigung auf einen längeren

(Quarterly Journal of microsc. Sc. New Series, Vol. XXIII) gegebene genaue Beschreibung der Structur jener Gebilde bei Ornithorhynchus eine Berücksichtigung zu erfahren. Poulton stellt an der Spitze der Hornzähne eine Oeffnung dar, sodann die verhornte Epithelscheide eine Art von Regenmantel mit abgestumpfter Spitze vorstellt, an welcher die weiche Grundlage des Hornzahnes zum Vorschein kommt. Da die Hornzähne von Echidna keine solche Durchbrechung besitzen, könnten beiderlei Gebilde als sehr verschiedener Art gelten. Ich finde nun an der von mir untersuchten Zunge nur den einen der Hornzähne in der mit Poulton's Angabe übereinstimmenden Beschaffenheit, an dem anderen kann ich nichts von einer Oeffnung wahrnehmen. Daraus möchte ich schliessen, dass es sich im Defectfalle um einen secundären Befund handelt, mag dieser nun entweder in einer unvollständigen Ausbildung der Hornschichte an der Spitze des Zahnes oder auf einer Ablösung der Spitze beruhen. Die Hornschichte an den Zungenstacheln von Ornithorhynchus besitzt ohnehin nicht die überaus feste Beschaffenheit wie die Zungenzähne von Echidna und giebt darin der Verschiedenheit des functionellen Werthes dieser Gebilde lebhaften Ausdruck. Dadurch wird aber der Ableitung beider von einer primitiv gemeinsamen Einrichtung kein Eintrag gethan. Diese halte ich bei Echidna, weil noch in vollständiger Function erkennbar, auch am reinsten erhalten.

Die Differenzen in der Structur der Zunge in den beiden Monotremengattungen dürfen das Gemeinsame nicht übersehen lassen, ebenso wenig als durch das Letztere jene Verschiedenheiten verschwinden. Wenn die Zunge von Ornithorhynchus an ihrem hinteren Abschnitte zwei Paare sehr ausgebildeter Perceptionsorgane birgt (Poulton), und auch in ihrem vorderen Abschnitt zwei in der Art ihres Ueberzuges sehr different gebaute Strecken aufweist, während die von Echidna wieder andere Verhältnisse darbietet, so ergiebt sich daraus eben nur eine ziemliche Weite der beide Genera trennenden Kluft; diese hat aber schon deshalb nicht als bedeutend tief zu gelten, weil bei alledem eben auch gemeinsame Einrichtungen erhalten blieben an einem Organe, welches mit mannigfachen Verhältnissen der Nahrungsbewältigung in Connex steht und von daher die Einwirkung zu Sonderungen aller Art empfängt.

1) Diese Gebilde hat Owen für wirkliche Zähne genommen, indem er sie als Repräsentanten der Zähne der Flachnase ansah (On the anatomy of Vertebrates 1866. Vol. III. p. 272). E. Home, hatte sie bereits für »Hornzähne« erkannt (Philos. Transact. 1802. P. II. p. 350).

Zeitraum vertheilt sein. Wie in der Mundhöhle nur geringe Futtermengen gleichzeitige Bearbeitung finden (bei Ornithorhynchus wird reichlicher aufgenommene Nahrung in Aussackungen der Mundhöhle für die allmähliche Zerkleinerung bewahrt), so ist deren Uebertritt in das Darmrohr nur in kleineren Quantitäten gestattet, und wir werden uns vorstellen müssen, dass nichts weniger als ein rasches Verschlingen, sondern vielmehr eine länger dauernde und stetige Fortbewegung der Ingesta aus der Mundhöhle in die Speiseröhre statt hat.

Damit sind wir zu einem wichtigen Punkte gelangt. Wir erkennen in der Eigenthümlichkeit der Nahrungsbewältigung und in ihrer Verschiedenheit von dem bei Amphibien und Sauropsiden herrschenden Modus das die Einrichtung des Velum und dessen Verhalten zur Epiglottis aufklärende Moment. Der langsam erfolgende Uebertritt eines gewissen Nahrungsquantums in den Oesophagus nimmt den Pharynx in einem viel längeren Zeitraum in Anspruch, als der relativ rasche Uebergang des Bissens bei den Amphibien oder Reptilien. Während jenes längeren Zeitraums der Nahrungsbewältigung bleibt bei den Monotremen aber der Luftweg offen, und die Athmung erleidet nicht die Unterbrechung, die sie bei Amphibien und Reptilien zeitweilig erfährt). Die neue Einrichtung gestattet gleichzeitig die Nahrungsaufnahme und die Respiration, welch' letztere dadurch viel vollkommener sich vollziehen kann, als im andern Falle. Von diesen beiden Zuständen soll der durch Aufnahme in der Mundhöhle zerriebener Nahrung characterisirte als Poltophagie, der andere als Psomophagie unterschieden werden.

Aus der Structur der Monotremenzunge, wie sie oben (S. 15 Anm.) beschrieben ward, hat sich bei aller Verschiedenheit, welche diese extremen Formen an sich tragen, manches Gemeinsame recht auffallend herausgestellt. Ausser der Sonderung zweier Abschnitte, ist es der Besitz von Hornzähnen, welcher den hinteren Abschnitt auszeichnet. Diese Gebilde sind bei Echidna zahlreich und stehen in Function, bei Ornithorhynchus nur zu zweien vorhanden, in unbestimmter Bedeutung. Wenn wir in diesen Gebilden nicht ganz einander fremde Theile sehen wollen — und das ist sowohl durch die Art ihres Vorkommens, wie durch die Gleichartigkeit der Textur kaum gestattet — so können wir in ihnen nur Organe erblicken, die von einem bei den Promammalien allgemein verbreiteten Zustande her sich erhalten haben. Der Zustand von Echidna würde dann einen primitiveren darstellen, als der von Ornithorhynchus, und dann könnte der Eintritt der Kauplatten in die aufgegebene Leistung des hinteren Abschnittes des Zungenrückens eine Rückbildung des reicheren Zahnbesatzes herbeigeführt haben. Ich kann das nur als Hypothese anführen, aber als eine solche die auf Thatsachen sich stützt.

Der frühere Besitz von Zähnen[2]) lässt bei Ornithorhynchus keinen Zweifel, dass ein Gebiss

---

1) Dass auch bei Amphibien und Reptilien (Schlangen) das Verschlingen der Nahrung manchmal längere Zeit erfordert, während welcher die Luftaufnahme in die Lungen behindert sein muss, giebt keinen Einwand gegen obigen Satz ab. Denn auch abgesehen davon, dass es nicht die Regel bildet, haben wir es hier mit Thieren von weit tieferstehendem Athmungsbedürfnisse zu thun, und der Eingriff in die Continuität des Athmens ist demgemäss von viel geringerem Belange.

2) E. B. Poulton, Proceedings of the Royal Soc. Vol. 43. p. 353 and Microscopical Journal. Vol. XXIX. No. 5. p. 9.

dem Auftreten von Kauplatten voranging. Die Zähne selbst zeigen aber den Multituberculaten-Typus und sind damit von der primitiveren Form entfernt; dadurch ergiebt sich die Vorstellung einer langen in der Vorfahrenreihe der Monotremen liegenden Geschichte, und es entzieht sich unserem Urtheile, in wie weit jenes Gebiss durch die Wirkung von Hornzähnen auf der Zunge functionelle Unterstützung fand, oder ob bereits in jenem Zustande die Rückbildung der Zungenzähne, eben durch die Ausbildung hinterer Kieferzähne in vielhöckerige Formen erfolgt war. Der Mangel unmittelbarer Erfahrungen bezüglich der Organisation der uns nur in den sicher sehr veränderten beiden Monotremen erhaltenen Promammalien-Reste kann leicht zu einer Unterschätzung der spärlichen Thatsachen führen, welche in dieser Hinsicht bei jenen Monotremen zu erkennen sind¹). Deren sorgfältige Prüfung und Verwerthung wird aber gerade dadurch zu einem dringenden Erforderniss, und der Werth jener Thatsachen wird durch ihre Vereinzelung nur erhöht. Ist der poltophage Zustand ein bei den Promammalien erworbener, so müssen auch die ihn begleitenden Einrichtungen mit verbunden gewesen sein.

Die Frage nach der Betheiligung des Gebisses bei der Poltophagie verliert etwas von dem sie umgebenden Dunkel, sobald wir den Blick auf die ältesten fossilen Säugethiere richten. Dromatherium besitzt an seinen Zähnen nur spitze Kronen, die an den Molaren zwar mehrzackig gestaltet, aber doch nur einwurzelig sind. Auch an dem Gebisse anderer den Promammalien zugezählten Formen (Dryolestes, Amblotherium, Triconodon) zeigt sich an den Molaren eine für das Zerreiben der Ingesta noch nicht günstige Beschaffenheit. Es besteht somit keine Wahrscheinlichkeit, dass bei diesem ältesten Zustande eine durch das Gebiss fein zerriebene Nahrung aufgenommen ward, wenn auch eine gewisse Zerkleinerung durch einfaches Kauen stattfand. Unter solchen Umständen mag an einem Theile der Zunge eine den heutigen Monotremen ähnliche Einrichtung bestanden haben, oder zur allmählichen Ausbildung gekommen sein.

Hierzu kommen noch zwei nicht unwichtige Thatsachen. Die Zunge niederer Säugethierabtheilungen, wie der Prosimier und der Marsupialier, lässt durch den Besitz einer sogenannten »Unterzunge«, die keine deutliche Function besitzt, annehmen, dass in ihrem Bereiche

---

1 Eine oberflächliche Betrachtung wird leicht zu der Meinung gelangen, dass die Befunde bei den Monotremen einfach aus der Rückbildung des Gebisses hervorgegangen sein, und dass darum ein sehr triftiger Einwand gegen die von mir vorgebrachte Auffassung der Dinge sich entnehmen lasse. Der functionelle Ersatz des Gebisses ist dann bei der einen Gattung durch die Reibplatte der Zunge, bei der anderen durch die Hornplatten der Kiefer erfolgt, und die Verschiedenheit beider Zustände entspricht dann nur der auch sonst bei diesen Thieren sich geltend machenden Divergenz. Dabei bleibt übersehen, dass den Hornstacheln von Ornithorhynchus keine Ableitung zu theil wird, und dass auch die Gestaltung des hinteren Abschnittes der Zunge, welcher noch gegen den harten Gaumen wirken kann, keine Beachtung erfährt. Gerade die grosse Divergenz der beiden Genera ist es, wodurch die Erhaltung gemeinsamer Einrichtungen so hohen Werth erlangt, denn wir haben darin dann nicht etwas Zufälliges, wenn ich es so nennen darf, sondern recht Fundamentales zu erblicken, welches mindestens auch den durch die Divergenz vorauszusetzenden Zwischenformen zugekommen sein muss.

Wenn wir versuchen wollten, das Verhalten von Ornithorhynchus auf seine paläontologische Geschichte zu prüfen, so könnte das nur unter der Voraussetzung geschehen, dass das Multituberculaten-Gebiss bereits einen secundären Zustand vorstellt, mit dessen Auftreten die Rückbildung der Zungenzähne bis auf jene Reste erfolgte. Die Ausbildung der Kauplatten wäre dann dem Untergange der Höckerzähne gefolgt, vielleicht mit der Aenderung der Lebensweise und der Nahrung, wie sie ja bei diesem im Wasser sich aufhaltenden Thiere sicher eingetreten ist.

Veränderungen vor sich gegangen sind. Ich habe diese Verhältnisse früher dahin gedeutet, dass die muskulöse Zunge aus der Ausbildung des hinteren Abschnittes einer primitiven Zunge hervorgegangen sei[1]. In wiefern diese Verhältnisse auf jene der Monotremen zu beziehen sind, ist höchst unsicher, da es sich bei einer Vergleichung nicht um einen Abschnitt der Zunge handeln kann, sondern um das ganze Organ. Dieses bietet aber so, wie wir es bei den Monotremen kennen, bedeutende Schwierigkeiten zur Vergleichung mit einem die Unterzunge tragenden Organe. Ich halte daher für richtiger, diese Verhältnisse als eine offene Frage anzusehen, und nur das Eine zu betonen, dass durch das Bestehen einer Unterzunge im primitiven Zustande der Säugethiere im Bereiche des hinteren Abschnittes der Zunge Neugestaltungen des Organs sich abgespielt haben müssen.

Eine zweite, Besonderheiten in der Mundhöhle der Säugethiere ausdrückende Einrichtung liegt in den den harten Gaumen besetzenden Leisten oder Falten. Diese in allen Abtheilungen verbreiteten Gaumenleisten stehen bei Echidna am hinteren Abschnitte in einer wichtigen Function, indem sie mit Zähnchen besetzte derbe Platten tragen, wie schon erwähnt, mit der Reibplatte der Zunge zusammenwirkende Gebilde. Mit diesen verglichen sind die am vorderen Abschnitte des Gaumens befindlichen schwachen Leisten rudimentäre Gebilde, ebenso wie die sämmtlichen Gaumenleisten von Ornithorhynchus. Bei Marsupaliern und Placentaliern kommen sie zwar nicht selten dem Volum nach sehr bedeutend vor und in manchen Ordnungen ist bei der Derbheit und Dicke der Epithellage auch eine zerkleinernde Function nicht ausgeschlossen. Diese erreicht aber unter keinen Umständen die Bedeutung wie bei Echidna. Fordert man von diesen Gaumenleisten recht genaue Rechenschaft hinsichtlich ihrer Leistungen, so kann man solche zwar in manchen sehr bedeutsamen Beziehungen wie zur Genese der Barten der Balaenen erkennen (Boas), welche Gebilde zwar eine viel bedeutendere Entfaltung von verhornenden Epithelmassen, als bei den übrigen Säugethieren vorkommt, zur Veranlassung haben, aber es ist doch ihre phylogenetische Erscheinung damit noch nicht aufgeklärt. Dazu, wie zur Erklärung der allgemeinen Verbreitung unter den Säugethieren, bedürfte es eines prägnanteren Grades der Verrichtung, als die ihnen gewöhnlich zugeschrieben ist. Man geht deshalb kaum irre, wenn man die Gaumenleisten als

---

[1] Morphol. Jahrb. Bd. IX. S. 429; Bd. XI. S. 566. Indem ich aus diesen Untersuchungen der Unterzunge von Prosimiern und Beutelthieren zu dem Resultate gelangt war, dass die Unterzunge wahrscheinlich einer primitiven Zungenbildung angehörte, welche bezüglich ihres vorderen freien Theiles sich ganz eigenthümlich verhielt, musste ich zugleich eine Divergenz mit der Monotremenzunge annehmen, wenigstens in Bezug auf deren vorderen Abschnitt. Seitdem ist hinsichtlich dieser Frage nichts Neues hinzugekommen, und wenn mir auch noch einige Unterzungen von Prosimiern und Beutelthieren, die ich früher nicht untersuchen konnte, bekannt geworden sind, so ergeben sich darin doch keine meine früheren Mittheilungen modificirenden Befunde. Durch die Thatsache, dass das Unterzungenrudiment des Menschen in frühen Zuständen der Zunge von His vermisst wurde, und dass auch nach Selenka bei Embryonen von Didelphys virginiana ·Studien über Entwickelungsgeschichte der Thiere. Viertes Heft. 2. Hälfte. Wiesbaden 1887) jenes Organ nicht vorhanden war, wird nichts an der Bedeutung als eines rudimentären Organes geändert. Diesen kommt ja keineswegs unter allen Umständen früheres Auftreten zu. Der Ductus seromucus geht verloren, indem sein Erscheinen verspätet wird. Bei Didelphys ist die Unterzunge bedeutend reducirt wie sie ja bereits ganz an die Zunge angeschlossen ist. Viel eher ist bei Stenops oder Otolicnus etwas Entscheidendes über jene Frage zu erwarten.

mehr oder minder rudimentäre Organe ansicht, die von Zuständen, wie sie nur bei Echidna noch zum Theile bestehen, übernommen sind.

Der rudimentäre Zustand lässt aber einen ausgebildeten, d. h. einen solchen, in welchem sie sämmtlich sich in Function befanden, voraussetzen, und dieser wiederum wird nur unter dem Einflusse der Leistung hervorgegangen sein. Denn es ist doch keine Organbildung ohne eine solche, nur zum Zwecke der Uebernahme einer Function entstanden, die ihr erst nachträglich zugetheilt wäre. Der phylogenetische Standpunkt hebt sich auch hier über den ontogenetischen, welcher das Organ noch ohne seine spätere Function zeigt. Als wirksamer Factor für die Genese jener Gaumenorgane kann aber nur die Zunge gelten.

In Vergleichung mit niederen Zuständen der Zunge tritt die der Säugethiere schon von den Monotremen an durch viel reicher und auch mannigfacher entfaltete Muskulatur hervor. Unter den Amphibien, ja auch bei Reptilien findet sich keine Zunge, welche hinsichtlich des Volums der Muskulatur und deren Complication der Säugethierzunge sich näherte. Die Entstehung dieses Verhaltens kommt nur unter der Voraussetzung einer anderen, gesteigerten Function des Organs zum Verständniss. Wie für jeden Muskelapparat, dessen Ausbildung unter dem Einflusse der Muskelarbeit erfolgt ist und nur unter dieser, so muss auch der Zunge eine intensivere Thätigkeit zugekommen sein, unter der sie jene Ausbildungstufe erreicht hat. In der Wirkung gegen den harten Gaumen, wie wir sie noch bei Monotremen, besonders bei Echidna sehen, giebt sich ein solches Moment zu erkennen, welches auch am Gaumen jene Differenzirungen hervorrief.

Durch die Erwägung solcher Wechselwirkung nähern wir uns dem Verständnisse jener beiden einander gegenüber stehenden Gebilde. Wir vermögen in ihnen noch Zustände zu erkennen, die als Reste bei den Promammaliern ausgebildeterer Einrichtungen zu deuten sind.

Durch die vergleichende Beurtheilung von Organisationsverhältnissen der Monotremen sind wir also zu der mit aller Reservation auszusprechenden Annahme gelangt, dass vor der molaren Differenzirung des Gebisses die feine Zerkleinerung der Nahrung durch andere Organe, durch Zunge und harten Gaumen erfolgte. Die damit entstehende Poltophagie war dann mit der Ausbildung des weichen Gaumens verknüpft, und damit stand die nach dem Anschlusse der Epiglottis an letzteren hervorgetretene Beziehung des Larynx zum Cavum pharyngo-nasale und die Sicherung continuirlicher Athmung in engstem Connex. In letzterem Momente lag wohl für den Organismus die Hauptleistung, die wieder auf andere Einrichtungen zurückwirkte. Sie rief mit ihrer Entstehung die Gestaltung des Gaumens — des harten und des weichen — hervor und liess dabei mit ersterem die Zunge in Action gelangen. Für diese Organisation ist aber die Existenz der Epiglottis eine Vorbedingung.

Die Ausbildung eines molaren Abschnittes im Gebisse lässt bei Marsupialiern wie bei den Placentaliern den poltophagen Zustand, mit dem wir die Bildung des weichen Gaumens und seiner Beziehungen zur Athmung phylogenetisch verknüpften, noch theilweise bestehen und in einzelnen Abtheilungen sogar in hohem Grade zur Geltung kommen. Diesen treffen wir z. B. bei den Nagern und bei der Mehrzahl der Ungulaten, auch bei Insectivoren, selbst bei einem Theile der Carnivoren, jenen, deren Molargebiss sich vollzähliger erhält. Wir lassen dahin gestellt sein, in wie weit der durch die Epiglottis und ihre Anlagerung an das Velum in die beiden Fauces getheilte Nahrungsweg zum Pharynx allgemeiner in Benützung steht, oder unter Mitwirkung der Musculatur des Velum sich jeweils zu einem einheitlichen gestaltet; es genügt für den hier verfolgten Zweck, dass die Benützung des getheilten Weges in manchen Abtheilungen die primitive Bedeutung, die wir ihr zuschreiben, noch in ungeschwächter Weise besitzt. Wo die Bearbeitung der Nahrung durch das Gebiss längere Zeit in Anspruch nimmt und grössere Quantitäten aufgenommener Nahrung eine längere Dauer für ihre allmähliche Bewältigung erfordern, ist das Offenhalten des Luftweges während des letztgenannten Vorganges ein einleuchtendes Erforderniss. Nager und Ungulaten, unter den letzteren vorzüglich die Wiederkäuer, befinden sich in jenem Falle; und hier wird für die jedesmal in relativ geringem Umfange zubereitete Speisemasse unbedingt der paarige Durchlass zur Seite der Epiglottis in Verwendung stehen.

Für andere Abtheilungen ist aus einer mehr oder minder psomophagen Lebensweise die Benützung des paarigen Weges nur hin und wieder zu Gunsten des einheitlichen aufgehoben, wie bei einem Theile der Carnivoren[1]), bei welchen für grössere zu verschluckende Bissen der enge Raum der Fauces zur Seite der Epiglottis nicht genügen kann. Die Erhaltung des Abschlusses der Mundhöhle durch das Velum innerhalb aller Abtheilungen, selbst noch bei den Primaten deutet gleichfalls das Fundamentale der Einrichtung an, und wenn es auch bei den Anthropoiden zu einer Aenderung kommt, indem mit einer Umgestaltung des Velums dasselbe nicht mehr von der Epiglottis erreicht, folglich auch nicht mehr von ihr überlagert wird, so ist darin eben nur das Ende einer mit dem Säugethierorganismus enge verbundenen, diesem Thierstamm von seinen frühesten Zuständen an zukommenden Einrichtung zu erblicken.

3. Die Differenzirung am Gaumensegel.

Die Beziehungen des weichen Gaumens zur Epiglottis, so tiefgreifend sie auch für die Verhältnisse von Luft- und Speiseweg sich darstellten, finden mit Veränderungen des Velums ein Ende. Diese Veränderungen stellen sich bei den Primaten bereits ausgeprägt dar, bei den meisten Anthropoiden in Uebereinstimmung mit dem Menschen, in Gaumenbogen und Uvula. Das für diese Sonderungen von der Ontogenie gebotene Bild zeigt an dem noch in zwei völlig getrennten Hälften bestehenden Velum bereits die Andeutungen einer Uvula (KÖLLIKER)[2]. Danach würde also die letztere aus zwei getrennten Hälften hervorgehen. So wenig dieses nach den vorliegenden Angaben als ontogenetischer Process zu bestreiten ist, so sehr muss doch das Ungenügende der Erklärung

---

1) Bei den verschiedenen Angaben über das mehr oder minder weite Herabreichen des Velums zum Zungengrunde, wie sie hinsichtlich der Carnivoren bestehen, finde ich keine Rücksicht auf die Faltung genommen, oder auf umgeschlagene Randstrecken. Sehr verbreitet ergiebt sich mir eine halbmondförmige Umschlagsfalte des freien Randes bei Felis F. catus und tigris, auch bei Meles und Procyon. Bei letzterem gehen dieser Falte zahlreiche unregelmässige Querfalten vorher, ohne dass der Rand eine andere Lage besessen hätte. Er ruht auf dem Zungengrunde. Es war also das Velum viel länger, als die betreffende Stelle beansprucht.

2 Entwickelungsgeschichte des Menschen und der höheren Thiere. Zweite Auflage. Leipzig 1879. S. 465.

für die Entstehung der Uvula empfunden werden, wenn wir sie als einen Vorsprung am noch getrennten Velum auftreten sehen. Ich versuche daher zum Zwecke einer Aufhellung dieser Frage wieder an der Hand der Vergleichung den phylogenetischen Weg zu gehen.

Bei den Prosimiern bestehen neben indifferenten Befunden manche Besonderheiten, die nur zum Theil bekannt sind, weshalb sie hier in der Kürze aufgeführt werden mögen. Während die hintere Fläche (mit Ausnahme bei Lemur ganz glatt) in den freien, den Isthmus pharyngonasalis vorne umfassenden Rand übergeht, bieten sich an der Vorderfläche Eigenthümlichkeiten. Der Zungenbogen, bei anderen Säugethieren nur als Falte vorhanden, tritt vor den mehr dorsal gelagerten Tonsillen zum Velum; sehr stark finde ich ihn bei Cholicnus, schwach bei Lemur. Die längsovalen, mit abgerundeter Oberfläche vorspringenden Tonsillen erheben sich bei Stenops gracilis von einer gleichmässig glatten Fläche, welche sich nach hinten (und abwärts) auf die Pharynxbogen fortsetzt (Fig. IV A). Bei Lemur varius sind sie je in eine Nische gebettet, die sich medial zu einer Tasche vertieft (B). Zwischen den beiderseitigen Taschen zieht sich das Velum verdickt zum freien Rande und zu den Pharynxbogen. Otolicnus bietet die Taschen nur in der Nähe der Tonsillen, die aber nicht von ihnen aufgenommen werden. Die Taschen werden durch einen medianen Wulst von einander geschieden, der jederseits in einen bogenförmigen Ausschnitt übergeht, und mit diesem das nach vorne gerichtete blinde Ende jeder Tasche nach der Seite bis zur Tonsille hin überbrückt (C). Der mediane Längswulst endet abgerundet am freien Rande des Velums. Diese Verhältnisse sind interessant, weil sie an Differenzirungen der Muskulatur anknüpfen, die an manchen Stellen, wie in der medianen Partie mächtiger entfaltet ist, als an den die seitlichen »Taschen« bildenden Strecken, an denen die Muskulatur sich gegen den freien Rand hin verliert, so dass der letztere nur durch eine Schleimhautfalte gebildet wird. Diese wird median schmäler, indem der Wulst bis dicht an den Velumrand tritt.

Eine mediane Sonderung der Muskulatur scheint auch Chiromys zuzukommen. Owen beschreibt den weichen Gaumen als breite Falte, welche auf die Zungenwurzel, vor der Epiglottis sich herabstreckt. Eine kurze und schmale Längsfalte an der dorsalen Fläche erstreckt sich dicht an den Rand und repräsentirt eine Uvula (Monograph of the Aye-Aye. London 1863. p. 41). Da die Tonsillen frei vorragen, so liegt ein Zustand vor, der sich mehr an Stenops anschliessen dürfte. Die mediane Wulstbildung unterscheidet ihn jedoch davon und nähert ihn mehr an Lemur.

Aus der mehr gleichartigen Vertheilung der Muskulatur, wie sie bei Stenops besteht und als der primitivere Zustand zu erachten ist, ging bei Lemur, mehr noch bei Otolicnus eine ungleichartige Anordnung hervor, die, allerdings noch in Concurrenz mit Drüsen, eine neue Form bildet, welche uns das in anderen Abtheilungen gleichmässige Velum im Zustande der Veränderung darstellt. Das Wesentlichste dieser Umgestaltung besteht in der medianen Erhebung, welche die Länge des Velums durchzieht und vorwiegend Längsmuskelzüge führt.

Von daher erhalten wir Anknüpfungen an die höheren Primaten, indem hier sehr ähnliche Veränderungen erfolgt sind. Die Arctopitheci besitzen, wie ich bei Hapale sehe, die an Stenops anschliessende niedere Velumbildung, ebenso die Platyrrhinen (Cebus, Ateles). Unter den Katarrhinen beginnt eine Sonderung, indem ein medianer Längswulst (die Uvula) den freien Velumrand überragt. Es ist dies aber noch kein allgemeiner Zustand. Von Cynocephalus Mormon hat zwar Waldeyer eine deutliche Uvula erwähnt, während ich bei C. ursinus keine solche finden kann. Aber eine mediane, bis zum Velumrande reichende Verdickung besteht in der hinteren Fläche des Velums, welches nur einen schmalen membranösen Saum besitzt. Dieser dorso-medianen Längswulst erscheint als derselbe, der auch dem Orang zukommt (s. oben S. 14), ist jedoch auch terminal zur Entfaltung gelangt.

Wir leiten also die Uvula nicht von einem Hervorwachsen ab, wie es ontogenetisch sich darstellt, sondern von einem seitlich von ihr sich abspielenden Vorgange, der durch längst vorher angelegte mindere Ausbildung der Pharynxbogen erfolgt, und dann die nur noch nicht frei gewordene Uvula vortreten lässt. Jener an den Pharynxbogen erscheinende Vorgang wird aber von zweierlei Factoren abzuleiten sein, einem primären und einem secundären. Der erste ergiebt sich schon bei Prosimiern in den Tonsillen, mit deren Lage wie die Sonderung der Uvula, so auch ein Dünnerwerden des Velums an der betreffenden Stelle verknüpft ist. Dadurch ist eine Vorbereitung für den zweiten Factor gegeben, der in dem bilateralen Nahrungsweg besteht, aber erst bei einem Theile der Katarrhinen wie bei den Anthropoiden wirksam sich äussert, indem der Rand des Pharynxbogens sich wölbt. Die Phylogenese deckt sich also auch hier nicht mit der Ontogenese, die auch hier in cänogenetischem Gewande sich darstellt.

Für die Frage nach den Causalmomenten der Sonderung der Muskulatur bieten sich, soviel ich das übersehen kann, bei den Affen keine Anhaltspunkte dar, wohl aber bei den Prosimiern. Die Lage der Tonsillen bei Lemur und Otolicnus erscheint hier in Zusammenhang mit dem Relief der ventralen Velumfläche. Der Lage der Mandeln ist dieses Relief angepasst, indem es Vertiefungen aufweist. Während der Boden dieser Taschen oder, in natürlicher Lage gedacht, das Dach derselben die Muskulatur in dünner Schichte zeigt, marginal gänzlich verdrängt (Lemur), blieb sie zwischen jenen Nischen in dem medianen Wulste mächtiger und geht von den Tonsillen nach der Seite hin in die gleichmässige Velumplatte über (s. Fig. IV).

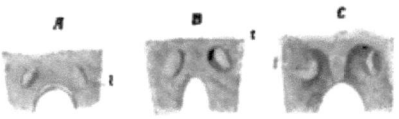

Fig. IV. Weicher Gaumen von Prosimiern von vorn gesehen. A von Stenops gracilis, B von Lemur varius, C von Otolicnus Galago. t Tonsille, in C aus der Nische lateral zurückgelegt, l umgeschlagener membranöser Rand des Velums.

Wir werden in dem medianen Wulste der Prosimier, der bei Lemur deutlich auch dorsal ausgeprägt ist, die Anlage einer Uvula erkennen dürfen und in den Tonsillentaschen die ersten Sonderungszustände für die später ausgeschnitten sich darstellenden Pharynxbogen. Wenn die höheren Primaten in der anderen Lagerung der Tonsillen nicht mehr jene Zustände zu erkennen geben, so ist dieses aus der weiteren Entfernung von den primitiveren Formen begreiflich. Die Prosimier-Befunde verlieren dadurch nichts von ihrer die Sonderungsvorgänge aufklärenden Bedeutung. Sie bilden auch nur die Vorbereitung zu den abschliessenden

Veränderungen, für welche bei der mehr zur Seite gerückten Tonsillenlage die unter der Benützung des bilateralen Speiseweges erfolgende Reduction des nur aus Schleimhautfalten dargestellten seitlichen Theiles des Velums in Anspruch zu nehmen ist.

Bringen wir mit diesen Befunden den bilateralen Speiseweg in Zusammenhang, so muss einleuchten, dass eine regressive Entfaltung des Velums zur Seite des dorso-medianen Wulstes eine Erweiterung jenes Weges bilden und als hinterer Gaumenbogen (Pharynxbogen) sich darstellen wird, so dass der gesammte Gaumen dann in derselben Weise wie bei den übrigen Anthropoiden und beim Menschen erscheint. Eine Vorbereitung zu diesem Verhalten liegt sicher beim Orang vor. Erreicht bei diesem der dorso-mediane Wulst auch nicht den Velumrand, so erstreckt er sich doch weiter als die Muskulatur der Pharynxbogen zum Rande hin. Es bedarf nur eines Schwindens der höchst spärliche Muskelzüge führenden, von mir als membranös unterschiedenen Randstrecke des Velums, um die Gestaltung des Gaumens in jene der anderen Anthropoiden überzuführen. Beim Orang ist also das Gaumengewölbe bereits in seiner höheren Configuration durch die Muskulatur angedeutet vorhanden. Es bildet eine Zwischenstufe der bei den beiden erwähnten Cynocephali vorhandenen Formen und schliesst sich dadurch auch den übrigen Anthropoiden enger an, als die ausschliessliche Berücksichtigung der Oberflächenverhältnisse zugestehen lässt.

Wenn daher RÜCKERT l. c. S. 34) aussagt, dass bei den übrigen Säugethieren die »Form des Kreuzgewölbes, welche das Gaumensegel beim Menschen und noch bei einem Theile der Affen mit den beiden Bogenpaaren bildet, vollständig verloren« sei, »nicht nur weil die vorderen Pfeiler verkümmert sind, sondern namentlich weil die hinteren statt nach abwärts, nach rückwärts verlaufen«, wenn er ferner das Gewölbe im niederen Zustande als »eingesunken« bezeichnet, so beruht das auf der irrigen Voraussetzung, dass in dem Kreuzgewölbe die primitive Form gegeben sei. Dies ist um so auffallender, als er doch selbst die verschiedenen Formen so vortrefflich zu beschreiben verstanden hat und die ganze Reihe der Zustände kennt, welche nicht von oben nach unten, sondern vielmehr in umgekehrter Richtung leitet. Indem wir diesen anderen Weg gehen, ergibt sich uns die oben dargelegte Auffassung der Genese des Kreuzgewölbes aus der niederen Form. Rückbildung und Ausbildung haben daran Antheil. Die hinteren von der Platte des weichen Gaumens ausgehenden Bogen (Pharynxbogen) sind die primitiven. Erst später (manche Prosimier, Affen) treten die vorderen durch Betheiligung der Zungenmuskulatur hinzu, nachdem bei den niederen Säugern nur eine Schleimhautfalte sie andeutet (s. RÜCKERT, S. 32). Die hinteren Bogen gehen aber am Velum ohne Grenze in einander über. Median sich ordnende Längsmuskulatur bildet bei manchen Affen einen Wulst, dem die Pharynxbogen zustreben. Wie schon im niederen Zustande das Velum mit nur membranösem Rande endet, indem entweder die Muskulatur sich nicht bis zu diesem erstreckte, oder sich aus ihm zurückgezogen hat, bestehen seitlich vom Medianwulste schwächere Velumstrecken, unter welchen bilateral der Nahrungsweg führt (Orang). Endlich sind auch diese verschwunden, weil die leere Schleimhautfalte nicht mehr sich ausbildet, und dann zieht jeder Pharynxbogen mit einem Ausschnitte zum Medianwulste, welcher jetzt als Uvula zwischen den beiderseitigen Bogen vorspringt.

Die Uvula ist also keine rein locale Bildung; sie geht aus einer Sonderung des gesammten Velums hervor, nachdem sie in niederen Formen (Prosimier) sich vorgebildet darstellte. Reductionen bezeichnen den Weg. An solche Vorgänge knüpft sich auch die Ueberleitung der niederen Velumform in das Kreuzgewölbe. Kommt auch der von Rückert dargestellten Aenderung der Winkelstellung des Larynx zum Velum resp. zum Cavum oris eine die Lösung des Contactes zwischen Velum und Epiglottis befördernde Rolle zu, so sind doch davon die Veränderungen am Velum nicht ableitbar, wie das Verhalten beim Orang den übrigen Anthropoiden gegenüber bezeugt.

Mit der Modification des Velums, wie sie bei den Affen, und da am vollständigsten bei den Anthropoiden sich ausbildet und die Epiglottis in der Regel nicht mehr das Velum erreichen lässt, wird auch der functionelle Werth der Epiglottis eine Aenderung erleiden, deshalb war auf den weichen Gaumen einzugehen geboten. Als Ergänzung der Wandung der Luftwege bleibt die Epiglottis aber auch in dem neuen Verhältnisse von Wichtigkeit, indem sie mehr oder minder die ihr früher mit Unrecht allgemein zugeschriebene Function eines Kehldeckels besorgt. Die Beziehung zum weichen Gaumen ist aber immer die primitivste und kommt ontogenetisch auch da, wenn auch vielleicht nicht überall, zum Ausdrucke, wo sie später verloren geht[1]).

III. Epiglottis und Kehlkopf.

Die mannigfachen Verhältnisse, welche die Epiglottis in ihren Beziehungen zum Kehlkopfe darbietet, sind zum Theile in verschiedenen Beschreibungen des Säugethierlarynx mehr oder minder genau dargestellt, aber sie sind noch nicht Gegenstand der Vergleichung gewesen. Indem ich diese auszuführen versuche, muss ich vorher bemerken, dass ich in Unterscheidung wesentlicher und unwesentlicher oder minder wichtiger Punkte mich vorzüglich auf die ersteren beschränke und von dem nicht geringen von mir untersuchten Materiale nur die für meine Zwecke wichtig erscheinenden Thatsachen zur Darstellung bringe. Es sind in dieser Hinsicht zwei Verhältnisse hervorzuheben. Das eine betrifft die Beziehungen der Epiglottis zum Kehlkopfeingange, das andere die Structur des Organs. Da für die letztere, in Anbetracht der für die Epiglottis bereits aus ihrem Verhalten zum weichen Gaumen hinreichend klar gewordenen Stützfunction, das dieselbe bedingende Gewebe von Bedeutung ist, wird dieses unsere besondere Beachtung beanspruchen und sowohl in seiner Textur wie in seinen Beziehungen zur Nachbarschaft zu prüfen sein.

---

1) So verhält sich Manatus, welcher im erwachsenen Zustande durch die Kürze des Velums sich auszeichnet (Waldeyer), während beim Fötus eine intranariale Lage der Epiglottis beobachtet ist (Howes). Für den Menschen ward durch Bland-Sutton (nach einem Citate von Howes) ebenfalls eine intranariale Lage der Epiglottis im fünften Monate des Fötallebens und bei der Geburt angegeben, was jedoch mit den Untersuchungen von Kayel über die Stellung des Gaumens während der Fötalperiode (Hanke, Anatomische Studien, Leipzig 1873) nicht übereinstimmt.

1. Verhalten der Epiglottis zum Aditus laryngis.

In den allgemein den Säugethieren zukommenden Befunden der Epiglottis an der vorderen Begrenzung des Kehlkopfeinganges finden sich mehrere Verschiedenheiten ausgeprägt, die in einzelnen Abtheilungen zum Ausdruck kommen. Bei den Monotremen tritt bekanntlich die Epiglottis mit ansehnlicher Breite vor dem Kehlkopfe vor und ist bei Ornithorhynchus auch ziemlich in die Länge entfaltet, während bei Echidna, wie nebenstehende Abbildung darstellt, die Breitedimension vorherrscht. Eine Abbildung von der letzteren hat auch Mary C. Walker[1]) gegeben. Bei beiden Gattungen besteht eine rein frontale Stellung des Organs mit schwacher hinterer Concavität. Der seitliche Rand läuft abwärts gegen den Kehlkopf aus, ohne sich in bedeutendere Schleimhautfalten fortzusetzen. Hier, wo er endet, besteht jederseits der relativ enge Durchlass unter dem vor der Epiglottis herabgesenkten Velum (s. Fig. I, sowie nebenstehende Figur). Von den vorragenden Stellknorpeln her ziehen lateral in die Aussenfläche des Kehlkopfes abgedachte Schleimhautfalten zur Wurzel der Epiglottis, und setzen daselbst ziemlich scharf ab, ohne sich jedoch unter einander zu vereinigen, so dass die Epiglottis noch mit einer schmalen Strecke in die Begrenzung der von jenen Falten umzogenen Eingangsstelle gelangt.

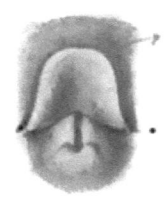

Fig. V. Epiglottis und Aditus laryngis von Echidna. ⅔.
* Fauces, p Velum.

Ein anderes Bild tritt bei den Beutelthieren auf. Die Epiglottis hat hier die vorwiegend frontale Stellung aufgegeben und umfasst mit bedeutender Krümmung den Aditus laryngis. Bei Phalangista legt sie sich mit den abgesenkten Seitenrändern an die Seitenflächen der sagittal ausgedehnten Stellknorpel, deren Schleimhautüberzug hinten einen Vorsprung bildet. Den Vorderrand der Epiglottis zeichnet ein medianer Einschnitt aus. Ein solcher ist sehr schwach auch bei Halmaturus vorhanden (H. ualabatus und Billardieri). Die in Vergleichung mit Phalangista verbreiterte Epiglottis umfasst hier noch mehr die bedeutender vorspringenden Stellknorpel, welche mit

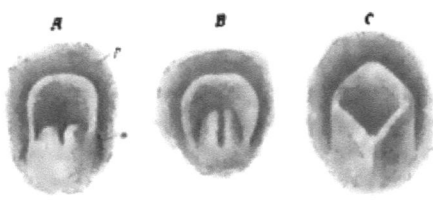

Fig. VI. Epiglottis mit Aditus laryngis. (Vergrössert.
A von Halmaturus ualabatus von hinten, B derselbe von oben,
C von Dasyurus viverrinus. * Fauces, p Velum.

ihren Adnexis die sagittale Eingangsspalte begrenzen (Fig. VI A B). Die hintere Seite der Stellknorpel wird jedoch nicht mit umfasst. Bei Didelphys zieht die Schleimhaut der ganzrandigen Epiglottis nicht mehr an die Seite der Stellknorpel, sondern zu dem Vorsprunge der letzteren, zwischen welchen

---

1) l. c. Fig. 9.

sie sich in eine nach hinten offene Spalte einsenkt. Aehnlich verhalten sich auch Phascogale Ph. penicillata) und Perameles. Der Aditus laryngis besitzt hier eine kreisförmige Umgrenzung, die in schräger Stellung sich zeigt und hinten nur von einem kurzen schmalen Ausschnitte — zwischen den Stellknorpeln — unterbrochen wird. Die Oeffnung des Einganges stellt sich im Allgemeinen als eine schräg abgestutzte Röhre dar. In diese springen die Stellknorpel, in der Ansicht von hinten nicht sichtbar, in ähnlicher Weise wie bei den anderen vor. Bei Dasyurus Fig. VI C bildet der Kehlkopfeingang ein schräg stehendes Viereck, dessen beide vordere Seiten von der rechtwinklig vorspringenden Epiglottis gebildet werden. Der nach hinten sehende Winkel des Vierecks ist durch einen Vorsprung ausgezeichnet.

In der Zusammenfassung der in ihren extremen Zuständen sehr verschiedenen Befunde ergiebt sich von Halmaturus aus eine ziemlich vollständige Reihe, in welcher die Epiglottis in andere Beziehungen zum Kehlkopf resp. zu dessen Stellknorpeln tritt. Ihre anfänglich lateral in die Gegend des Ringknorpels auslaufenden, durch Schleimhautfalten gebildeten Ränder treten allmählich auf die Stellknorpel über und erreichen, als Plicae ary-epiglotticae, die vorragenden Enden derselben. Dieser Vorgang ergiebt einen einheitlichen Abschluss des Aditus laryngis und gestaltet denselben zu einem in den Pharynxraum vorspringenden Rohre. Die Anpassung dieser Einrichtung an die vom Velum geschilderten Zustände bedarf keiner weiteren Begründung. Wie in den primitiven Verhältnissen schon durch die Epiglottis erhält der Kehlkopfraum durch die von ihr ausgehenden Plicae ary-epiglotticae eine vollständigere Umrandung und gelangt dadurch für das Umfasstwerden vom Ostium pharyngo-nasale in günstigere Bedingungen. Der Luftweg wird damit vervollkommnet, und die Epiglottis behütet dessen Bahn.

Die Vergleichung des Verhaltens der Marsupialier mit jenem der Monotremen giebt uns bei den ersteren die Kriterien für die niederen und höheren Zustände. Die dem Verhalten der Monotremen näher stehenden Einrichtungen werden wir als die niederen ansprechen dürfen; aus der Entfernung von diesen gehen jene hervor, die wir als höhere bezeichnen, eben weil sie jene anderen voraussetzen. Ich habe aber damit nicht etwa die Fortsetzung in höhere Säugethier-Abtheilungen im Sinne.

Jene niederen Zustände, wie wir sie bei Phalangista und Halmaturus fanden, sind jedoch nicht in so unmittelbarem Zusammenhange mit den Monotremen. Es ist bei ihnen bereits ein bedeutender Fortschritt geschehen, welcher in der Umschliessung des ventralen Abschnittes des Kehlkopfeinganges durch die Epiglottis sich ausspricht. Die Epiglottis hat sich bei den Beutelthieren dem Kehlkopfeingange angepasst. Das ist bei den Monotremen noch nicht der Fall. Dadurch ergiebt sie sich bei diesen, trotz aller nachbarlichen Beziehungen, noch in etwas fremderen Verhältnissen, die erst bei den Marsupialiern überwunden sind. Der Epiglottis wird dadurch auch eine nähere Beziehung zum Kehlkopf. Zeigt sie sich bei den Monotremen zwar schon als eine Stütze für das Velum und als Sicherung der Luftwege, so ist diese Leistung bei den Marsupialiern viel vollständiger durch den Anschluss der Epiglottis an den Kehlkopf erreicht.

Der bei den Beutelthieren erworbene engere Anschluss der Epiglottis an den Kehlkopf bildet bei den Placentaliern eine feststehende Einrichtung, von welcher wieder verschiedene Modificationen ausgehen. Die bei den Beutelthieren vorhandenen mancherlei Uebergänge der lateralen Epiglottisfalten zu den Kehlkopftheilen finden auch hier ihre Vertretung. In den meisten Abtheilungen existirt aber noch mehr oder minder verbreitet die primitivere Form, welche durch den Mangel von ausgesprochenen Plicae ary-epiglotticae gekennzeichnet ist. Unter den Carnivoren finde ich diesen Zustand bei Felis (F. catus und tigris) und Meles (M. taxus). Die Epiglottisränder ziehen sich hier lateral am Larynx herab, ohne Faltenverbindung mit den Stellknorpeln. Bei Canis ist von jener noch unterscheidbaren Falte eine Querfalte zur Spitze der Stellknorpel abgezweigt, welche somit bis zu dem zwischen jenen Knorpeln befindlichen Ausschnitt den Kehlkopfeingang von hinten her begrenzt. Bei Procyon geht diese Falte vom freien Rande der Epiglottis aus, und die noch bei Canis vorhandene Fortsetzung zur Seite des Kehlkopfs herab ist verschwunden[1].

In der Primatenreihe zeigen bereits die Prosimier die doppelte Form; freilich auch wieder mit Uebergängen. Den niedersten Zustand bietet Stenops (St. gracilis und tardigradus). Die Seitenränder der Epiglottis, vorne etwas ausgeschnitten, laufen ohne Verbindung mit den Stellknorpeln an der Seite des Kehlkopfes aus. Dieses Verhalten ist am meisten bei St. gracilis, weniger bei St. tardigradus ausgeprägt, indem hier nur eine ganz schwache Vertiefung der Schleimhaut den Ueberzug der Stellknorpel von der Epiglottisfalte trennt. Die Lemuren besitzen einen continuirlichen Uebergang der Epiglottisschleimhaut zu den Stellknorpeln, so dass der Aditus laryngis wie eine lateral etwas comprimirte Röhre vorragt. Die vordere und seitliche Wand dieser Röhre bildet die Epiglottis, den hinteren Rand eine quere, über den Stellknorpeln sich erhebende Schleimhautfalte[2], welche in die Schleimhaut der Epiglottis übergeht.

Die Affen knüpfen gleichfalls an niedere Zustände an, indem die Arctopitheci Hapale und die Platyrrhinen in der Gestaltung des Kehlkopfeinganges wesentliche Uebereinstimmung mit Stenops gracilis darbieten. Unter den Katarrhinen erinnert auch noch Cynocephalus (C. maimon) an die niedere Form, während diese bei anderen durch Ausbildung der Plicae ary-epiglotticae überwunden ist. Diese bestehen bei Inuus (I. sylvanus) schon in einer mit der Gestaltung beim Menschen sehr übereinstimmenden Form und sind auch bei anderen nur wenig abweichend anzutreffen. Grössere Verschiedenheiten am Kehlkopfeingang ergeben sich anscheinend bei den Anthropoiden, aber meist sind die Stellknorpel mit der Epiglottis durch Schleimhautfalten verbunden und die Unterschiede

---

1. In der Gestalt der Epiglottis schliessen sich die meisten Carnivoren an Dasyurus an. Die aber hier ganz anderen Verhältnisse des Aditus laryngis gestatten nicht directe Beziehungen anzuerkennen, so dass es mehr als zweifelhaft ist, ob die zugespitzte Form des Organs bei Canis und Felis etwas Typisches vorstellt. Bei Meles ist bereits eine Abrundung des freien Randes eingetreten und Procyon bietet diese noch weiter geführt.

2. An der hinteren Wand des Aditus ragen bei Lemur mongos zwei Wülste vor, welche sich abwärts und dann vorwärts zu den Taschenbändern erstrecken. L. varius besitzt jeden dieser Wülste am freien Rande in zwei getheilt; aber dann in gleichem Verhalten: die Taschenbänder sind in beiden Arten den Stimmbändern ähnliche dünne, vorwärts sehende Falten, die nicht nur gegen die Stimmbänder zu, sondern auch nach oben gegen den Kehlkopfeingang eine Tasche begrenzen. Der vergleichenden Anatomie bietet sich hier ein weites, noch wenig angebautes Feld.

entspringen den Grössen- und Formdifferenzen der Epiglottis und der Stellknorpel. Der Orang und der Gorilla bieten die extremsten Verhältnisse, wie aus einer Vergleichung der hier beigefügten Abbildung vom Aditus laryngis des Orang mit der von Duvernoy[1] gegebenen Darstellung vom Gorilla hervorgeht. Wie hier die stark verlängerte und abgeflachte Epiglottis den Eingang zu ansehnlichem Umfange gestaltet, so ist er dort (s. Fig. VII) durch die rinnenförmige Epiglottis mit einer verhältnissmässig viel engeren Oeffnung versehen, und weicht darin auch von anderen Affen in auffälliger Weise ab. Dieses Verhalten beim Orang geht Hand in Hand mit dem Velum, welches wir gleichfalls auf einer relativ niederen Stufe sahen.

Fig VII. Aditus laryngis v. Pithecus satyrus juv. P Velum, E Epiglottis, s Stellknorpel, u Uvularwulst

Indem durch die Ausbildung der Plicae ary-epiglotticae, mit denen die später als Taschenbänder erscheinenden Schleimhautfalten nicht zusammengeworfen oder verwechselt werden dürfen, die höchste Stufe[2]) des Anschlusses der Epiglottis an den Larynx erreicht ist, giebt sich darin doch kein Ausdruck einer höheren Gesammtorganisation, denn wir treffen jenen Zustand, wie schon bei den Beutelthieren, so auch in verschiedenen Ordnungen der Placentalier an, die alle auch die niederen Formen der Gestaltung des Aditus besitzen. Ob daher für die höhere Form nicht eine polyphyletische Entstehung anzunehmen sei, wie auch aus dem ziemlich verschiedenen Verhalten der Plica ary-epiglottica zu den Stellknorpeln begründbar ist, muss ich als offene Frage lassen, deren Discussion ausserhalb meiner Aufgabe liegt.

Aber die Epiglottis hat jenseits der Monotremen allgemein ihre nächsten Beziehungen zum Larynx erworben und dies ist es, was im Auge zu behalten ist. Dass die niederen Zustände des Verhaltens der Epiglottis sich ontogenetisch wiederholen, geht aus den Befunden beim Menschen hervor, indem die Epiglottisanlage, wie Kölliker[3]) angab und später His[4] darstellte, hier eine Querfalte oder einen transversalen Wulst bildet. Wir verstehen dieses Verhalten, indem wir es auf den Befund der Monotremen beziehen, womit auch die Verbindung der den Kehlkopfeingang lateral begrenzenden Schleimhautfalten übereinstimmt. Diese begeben sich nicht zum Seitenrande des Epiglottis-

---

1 Des Caractères anatomiques des grands singes pseudo-anthropomorphes. Archives du Muséum. T VIII. Tab. XV. Fig. A.

2 Man könnte sagen, dass bei den Delphinen noch engere Beziehungen sich ausdrücken, indem hier die sehr verlängerte Epiglottis mit den gleichfalls langen Stellknorpeln zusammen eine Röhre bildet. Diess ist aber nur eine Modification jenes anderen Zustandes und beeinträchtigt nicht die auf die Plicae ary-epiglotticae gelegte Bedeutung. Auch ist die Beschränkung des Befundes auf die Cetaceen, wo er mit Modificationen des Velums und dadurch mit der Art des Athemholens in Zusammenhang steht, nicht geeignet, einer in allen Abtheilungen der Placentalier sich ausprägenden Erscheinung gegenüber gestellt zu werden.

3 Entwickelungsgeschichte des Menschen und der höheren Thiere. 2. Aufl. 1879. S. 862.

4) Anat. menschl. Embryonen. III. 1885. S. 72. Fig. 52. Ob die zur Seite der Stellknorpeln entsprechenden Höcker, von denen die oben erwähnten Falten ausgehen, die Plicae ary-epiglotticae sind, wie His angiebt, möchte ich bezweifeln. Wenn man den Begriff der Plicae ary-epiglotticae nicht vag lassen will, können nur vom Seitenrande der Epiglottis zur Spitze der Arytaenoidknorpel ziehende Falten jenen Namen tragen.

wulstes, sondern zur hinteren Fläche des letzteren, können also so wenig wie die beiden Falten der Monotremen als Plicae ary-epiglotticae gelten, in dem Sinne, wie letztere schon bei den Marsupialiern beginnen und in vielen Abtheilungen verbreitet sind.

2. Das Stützgebilde der Epiglottis.

a) Form und Verbindung.

Die die Grundlage der Epiglottis darstellende Platte, die wir dem Herkommen gemäss als »Epiglottisknorpel« bezeichnen wollen, zeigt sich sowohl in ihrer Lage als auch in ihrer Gestaltung in sehr verschiedenen Verhältnissen und ebenso hinsichtlich ihrer Textur, und zwar folgen diese Zustände in den grösseren Abtheilungen der Säugethiere immer gewissen Normen, welche die Bedeutung des Organes selbst klar hervortreten lassen. Indem wir zuerst die Lage- und Formbefunde behandeln, knüpfen wir daran die Erörterung der Textur und die Beziehungen zur Schleimhaut des Kehlkopfes.

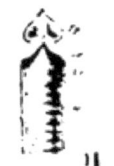

Fig. VIII. Prim. Larynx mit Epiglottisknorpel v. Ornithorhynchus. Ep Epiglottisknorpel. Cr Cricoid, ar Stellknorpel, tr Trachea.

Bei den Monotremen nimmt die Platte nur einen Theil der Epiglottis ein, den medianen, und ist relativ breiter bei Ornithorhynchus und gegen den Epiglottisrand zugespitzt; schmäler bei Echidna. Sie liegt frei unter der Schleimhaut, ohne festere Verbindung mit einem Skelettheil des Larynx, von dessen Cricoid ziemlich entfernt (s. Fig. VIII). Dabei ist sie auch mit den das Thyreoid präformirenden Skeletgebilden, deren Innenseite ihre Basis anliegt, nur durch lockeres Gewebe im Zusammenhang. Bei beiden Gattungen ergiebt sich basal eine mediane Theilung (Fig. IX). Erst distal davon ist die Platte einheitlich. Bei Echidna ist jede Hälfte an der Basis in ziemlich weitem Abstande von der anderen. Bei Ornithorhynchus sind beide einander genähert, aber es macht sich an jeder Hälfte der ein-

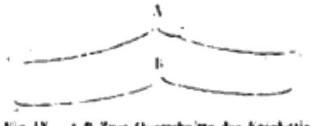

Fig. IX. A B Zwei Querschnitte des Epiglottisknorpels von Ornithorhynchus.

heitlichen Platte dadurch eine gewisse Selbständigkeit geltend, dass jede nach vorn etwas concav ist (Fig. VIII und IX). Es besteht an der von vorn her isolirten Epiglottisplatte eine paarige Vertiefung, unbeschadet der gleichmässigen Dicke des Gewebes, wie Schnittserien lehren[1]. Nach hinten zu tritt an jeder Hälfte eine leichte Wölbung hervor, wie aus obenstehender Fig. VIII ersichtlich. Auch bei M. L. Watson l. c. findet sich dieser Befund abgebildet.

Während der Dickendurchmesser bei Ornithorhynchus wenig wechselt (Fig. IX), indem er nur marginal etwas abnimmt, ist bei Echidna nach der Vereinigung der beiden kurzen basalen Hälften eine nach vorn sehende mediane Erhebung bemerkbar, welche in scharfer Abgrenzung

---

[1] Die Verbindungsstelle beider Hälften liegt nicht überall genau in der Mitte, auch zeigt sich in der einen Hälfte noch ein seichterer Längseinschnitt, und basal ergeben sich noch bedeutendere Unregelmässigkeiten. Ob diese von Drüsen herrühren, wie wir es bei anderen Säugethieren finden werden, wage ich nicht zu entscheiden.

und nach beiden Seiten hin abgedacht, wie ein Kiel sich über eine Strecke hinzieht. Die dem Larynx zugekehrte Fläche ist eben und entbehrt, wie auch bei Ornithorhynchus, aller etwa durch Drüsen der Schleimhaut erzeugten Eindrücke, aber bei Echidna besteht nach vorne zu (ventral) ein bestimmtes Relief der Platte, die hier nur an Bindegewebe grenzt. Für die Entstehung dieses Reliefs kann in der Umgebung keine Ursache gefunden werden; für die Annahme einer Anpassung jener Form an benachbarte Theile ergiebt sich kein Grund. Von der Vereinigungsstelle der basalen Theile an ist nur bei Ornithorhynchus eine kurze Trennungsspur in der Platte wahrzunehmen.

Bei den Beutelthieren hat der Epiglottisknorpel bestimmte Beziehungen erlangt. Er besitzt basal keine wahrnehmbaren Trennungsspuren und verbindet sich mit seiner Basis fest mit dem Vorderrande des Thyreoid. Er ist dabei basal viel breiter als bei Echidna, auch terminal mehr verbreitert als bei Ornithorhynchus. Vor der Verbindungsstelle liegt der Körper des Zungenbeines, und nimmt in der Regel eine am Epiglottisknorpel vorhandene vordere Einsattelung ein. Die Verbindung finde ich, zugleich mit einer basalen Verdickung des Epiglottisknorpels, sehr fest bei Perameles, auch noch bei Didelphys, weniger bei Halmaturus, doch in allen Fällen so, dass die Basis der Epiglottis unbeweglich ist. Diese feste Verbindung mit dem Thyreoid rührt jedoch nicht von einer Verschmelzung her, sondern wird durch Bandmasse geleistet, die auf sagittalen Durchschnitten vom Thyreoidknorpel in den Epiglottisknorpel übergehend (Perameles, Halmaturus) erkannt ward. Es besteht also hier eine gewisse gewebliche Continuität, wenn sie auch nicht direct durch den Knorpel gebildet wird. Das intermediäre Gewebe — ich will es absichtlich nicht Band heissen — ist besonders bei Perameles von sehr geringer Ausdehnung in die Länge, und seine Fasern setzen sich unmittelbar in die Intercellularsubstanz der beiden Knorpel fort.

Die Richtung des Epiglottisknorpels ist nicht mehr jene vorwiegend verticale oder vielmehr frontale, wie bei den Monotremen, sondern erscheint allgemein erst etwas dorsal, dann wieder vorwärts gekrümmt. Die Form kommt dadurch jener nahe, die wir bei den Placentaliern oftmals antreffen.

Das Thyreoid bietet also für die Epiglottis eine Stütze. An der die Verbindung liefernden medianen Partie ist es bei allen Beutelthieren ventralwärts ausgebaucht, wenig bei Perameles, mehr bei Didelphys und Halmaturus, am auffallendsten bei Phalangista. Dadurch empfängt der Kehlkopfraum unterhalb der Epiglottis eine Erweiterung.

Die basale Verdickung des Epiglottisknorpels greift bei manchen nach der Innenfläche des Thyreoid über, wenig, aber doch deutlich erkennbar bei Perameles. Sehr bedeutend ist dieses Verhältniss bei Phalangista entfaltet, dessen Epiglottisknorpel mit einem starken Vorsprunge vergl. Fig. X C. ep.) sich gegen das modificirte Thyreoid stützt. Damit werden Einrichtungen angedeutet, denen wir bei Placentaliern wieder begegnen.

Wenn wir das Thyreoid als Stützpunkt für die Epiglottis gelten lassen müssen, so ist damit noch ein anderes eigenthümliches Verhalten in Zusammenhang anzusehen. Der mediane Theil des Thyreoid ist gleichfalls sehr fest mit dem Cricoid in Verbindung bei Didelphys und Dasyurus. Dass diese Verbindung bis zur Concrescenz fortschreiten kann, wenn vielleicht auch nicht bei allen Gattungen, lehrt Halmaturus[1]. Auf medianen Sagittalschnitten des Larynx (von H. Billardieri) ergiebt sich eine Continuität des Knorpels von Thyreoid und Cricoid. Die mikroskopische Prüfung solcher Schnitte zeigte keinerlei Grenze an der Verbindungsstelle, nicht blos an der Intercellularsubstanz des Knorpels, sondern auch bezüglich der Anordnung der Formelemente desselben. Die vollständige Verschmelzung finde ich auch bei Perameles, und zwar bereits bei 3 cm grossen Beuteljungen vollzogen.

Die Thyreo-cricoid-Verschmelzung ist bei Phalangista zu einem noch höheren Grade gediehen und liefert im Zusammenhang mit der hochgradig entfalteten medianen Ausbuchtung des Thyreoid eine ohne die Kenntniss des Kehlkopfes anderer Marsupialier schwer verständliche Kehlkopfform. Die Stelle des Thyreoid und des Cricoid wird durch ein einziges Skeletgebilde eingenommen. An diesem zeigt sich median eine grosse blasenförmige Auftreibung mit dünner Knorpelwand versehen. Diese Ausbuchtung überragt den rückwärts gekrümmten Rand des Thyreoid und somit auch die Befestigungsstelle der Epiglottis, die an jenem Rande sich findet Fig. 10 C . Auf der vorderen Wölbung der Knorpelblase liegt das Zungenbein[2].

Dorso-lateral endet dieser Skelettheil mit sanft eingebuchtetem Rande. An der Seitenfläche und grösstentheils deren trachealer Hälfte zufallend, besteht eine elliptische Oeffnung, welche dorsal durch eine spangenförmige, ossificirte Strecke des gesammten Skelettheiles abgeschlossen ist. In diese Oeffnung ragt ein knopfartiger Fortsatz des Stellknorpels, an welchem eine die Oeffnung ausfüllende Muskulatur sich befestigt (Processus muscularis). Die die Oeffnung dorsal schliessende Spange setzt sich in ein medial sich verbreiterndes Knorpelstück fort, welches mit dem anderseitigen etwas abgerundet median zusammenstösst, ohne sich jedoch mit ihm fest zu verbinden. Dieses Knorpelstück trägt die ausserordentlich grossen Stellknorpel s. Fig. X B ar

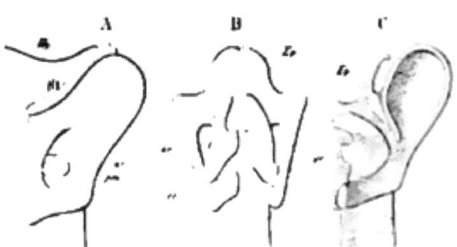

Fig. X. Kehlkopf von Phalangista vulpina. A mit Zungenbein von der rechten Seite, B dorsal, C im Medianschnitt. Ep Epiglottis, ar Stellknorpel, pm Processus muscularis, cr Cricoid, Hy Zungenbein.

ist somit als Cricoid zu deuten. Dem Cricoid angehörig muss auch ein Theil der Umgrenzung der beschriebenen weiten Oeffnung angesehen werden. Damit löst sich die Frage der Deutung auch der

---

[1] Diese Verschmelzung wird gelegentlich auch von Künsen für Halmaturus giganteus und H. Billardieri angegeben. Abhandl. d. Senckenb. naturf. Gesellsch. Bd. XIII 1883. S. 157 u. 270.

[2] Das Zungenbein von Phalangista (Ph. vulpina) bietet gleichfalls einige Besonderheiten, welche theilweise durch die Kehlkopfmodifikation bedingt sind. Der nur sehr kleine Körper ist dem Thyreoid enge verbunden und das sehr lange hintere Horn folgt dem ausgeschweiften Vorderrande der Blase. Es ist ossificirt, während das Vorderhorn einen dünnen, leicht gekrümmten Knorpelstreif vorstellt (vergl. Fig. X A).

übrigen Verhältnisse. Das Thyreoid ist an drei Stellen mit dem Cricoid in Concrescenz getreten. Einmal median mit dem vordern Theile des Cricoid, wo wir diese Vereinigung bereits bei andern Beutelthieren ausgeführt sahen, und beiderseits mittels seines hintern Hornes, welches wir sonst dem Cricoid meistens frei angeheftet trafen. Die Oeffnung wird dann vorne vom thyreoidalen, hinten (tracheal) vom cricoidalen Antheile des aus der Verschmelzung entstandenen Larynxskeletes begrenzt. Sie besteht in dieser Weise, wenn auch viel weniger umfänglich bei anderen Marsupialiern, wo die Seitenplatte des Thyreoid sich vom Cricoid abhebt, z. B. bei Perameles.

Durch diese Verschmelzungen wird der gesammte Larynx zu einer Stütze für die Epiglottis. Wenn auch bei Phalangista[1]) noch andere Factoren in Betracht kommen, so ist doch der Ausgangspunkt der gesammten Umbildung in der auch den andern Marsupialiern zukommenden medianen Concrescenz zu sehen, welche zunächst, besonders bei der Schmalheit des medianen Thyreoidabschnittes, ihre Bedeutung in jener Beziehung zur Epiglottis besitzt. Vom Kehlkopfe ausgeführte Bewegungen machen sich auch an der Epiglottis geltend, und werden bei einer Concrescenz — nicht blos bei Phalangista — entschiedener zur Ausführung kommen. Fragen wir uns, in wiefern solche die Epiglottis in Action bringende Bewegungen erforderlich sein möchten, so wird der Hinweis auf das beim Velum palatinum Ausgeführte genügen, um das Postulat verständlich zu machen. Die Umschliessung des Aditus laryngis durch den Isthmus pharyngo-nasalis besteht schwerlich als stets gleichmässiger, unveränderlicher Zustand. Die Muskulatur lässt auch Bewegungen, und dadurch Lageveränderungen voraussetzen, durch welche jene Beziehung, wenn auch nur für kurze Zeit, unterbrochen wird. Für die Wiederherstellung jenes Anschlusses wird die Epiglottis den Weg bahnen, indem sie hinter das Velum geschoben wird, und dieser Act wird sicherer vollzogen, wenn die Epiglottis kein labiles Gebilde, sondern mit dem Kehlkopfskelete in fester Verbindung ist. So stellt sich zwischen einander ursprünglich fremden Theilen ein Zusammenhang her.

Unter den Placentaliern zeigt die Epiglottis-Platte, wie es scheint, nur selten noch Andeutungen einer basalen Duplicität. Ich rechne hierher die beiden Hörner, welche vom Knorpel beim Kaninchen bekannt sind. Ob dagegen die »Hörner« an der Epiglottis-Basis beim Pferde oder die Fortsätze bei Myrmecophaga hierher gehören, ist zweifelhaft. Einiger bei anderen Thieren vorkommenden

---

1] Zu den erwähnten Eigenthümlichkeiten des Larynx von Phalangista bemerke ich noch, dass die Knorpelblase des Thyreoid — dieses allein bildet die Blase — vom Larynxraum her einen engen spaltartigen Zugang besitzt. Die Stellknorpel springen mit Längswülsten nach vorn in den Kehlkopfraum vor, und zwischen diesen findet sich an der ventralen Wand des Kehlkopfraumes, der nach hinten verbreiterte, nach vorn schmäler und tiefer werdende Eingang in die Blase, welche von einer Fortsetzung der Larynxschleimhaut ausgekleidet wird. Diese Einrichtung gehört zu den mannigfaltigen Zuständen von Ausbuchtungen des Kehlkopfes, wie sie auch bei andern Säugern in anderer Art ausgeführt vorkommen. Wahrscheinlich bildet die Einrichtung einen Resonanz-Apparat.

Für das Getrenntbleiben des hinteren (dorsalen) Cricoidabschnittes vom anderseitigen leistet die Concrescenz mit dem Thyreoid eine Compensation, indem jeder der beiden Theile dem Stellknorpel eine festere Unterlage zu bieten vermag. In dieser hinteren Trennung des Cricoid ist zugleich ein niederer Zustand erhalten geblieben, der bei Monotremen die Regel bildet, indess er bei den Marsupialiern nur dadurch noch Andeutung findet, dass beide Hälften trachealwärts von einander abstehen. Die Ausbildung der Concrescenz erfolgt von vorn nach hinten.

Befunde wird alsbald gedacht. Dagegen bleibt die Epiglottis-Verbindung in derselben Weise, wie sie bei Marsupialiern besteht, in vielen Abtheilungen erhalten, wenn auch nicht mehr in derselben Festigkeit. So finde ich es bei den Carnivoren, besonders deutlich bei Felis. Auch bei Meles ist sie jenem Rande angefügt, aber mit einem sehr verschmälerten Theile, zu dessen Seiten die Kehlkopftaschen bis zum Zungengrunde emportreten. Aus diesem Befunde leitet sich wohl jene Verschmälerung ab. Aehnlich verhält sich auch Procyon[1], dessen viel breitere Knorpelplatte mit sehr verschmälerter Basis einem medianen, einwärts ragenden Thyreoidvorsprung angefügt ist.

Besondere Erwähnung verdient der Befund der Epiglottisverbindung bei Nagern. Beim Kaninchen geht der stark rinnenförmig gebogene Knorpel, sobald er das Thyreoid erreicht hat, in einen bedeutenden Vorsprung über, mit welchem er sich der Innenfläche des Thyreoid anlegt. Der in Fig. 6 (Taf. II) dargestellte Querschnitt giebt ein Bild dieses Verhaltens, welches der Befestigung der Epiglottis dient. Dieser Stützvorsprung besteht in einer seine Breite übertreffenden Länge, und läuft im Kehlkopf, allmählich sich theilend, in die beiden Vorragungen aus, deren oben gedacht wurde (Fig. 7 Taf. II). Ihm zur Seite lagern mächtige Drüsenmassen und füllen einen Theil des Raumes zwischen Schildknorpel und Epiglottis. Die Verbindung mit dem Schildknorpel wird nur durch die Perichondriumschichten der beiden Knorpel vermittelt. Eine intermediäre Lage aufzufinden ist mir nicht möglich gewesen. In dem Verhalten der Perichondrien muss ich jedoch eine Verschiedenheit hervorheben, indem jenes des Thyreoid seine Schichtung parallel dem Knorpel zeigt, während die Perichondriumschicht des Epiglottisknorpels schräge, zum Knorpel abbiegende Bindegewebszüge besitzt.

Bei einem Embryo von 3 cm Länge fand sich die vorhin beschriebene Verdickung noch nicht ausgebildet, und auch sonst bestanden manche nicht unwesentliche Verschiedenheiten, von welchen ich jedoch nur eine, die der vollständigeren Trennung der beiden Hälften des Epiglottisknorpels, hervorheben will. Durch diesen Befund stellt sich die Einheitlichkeit des Knorpels als ein secundärer Zustand heraus, der vom freien Theile der Epiglottis basalwärts vorschreitet.

Einen ähnlichen, aber doch bemerkenswerth abweichenden Befund ergiebt die Ratte. Der am freien Theile der Epiglottis eine gekrümmte Platte darstellende Knorpel geht wieder basal in einen sehr verdickten Abschnitt über, welcher jedoch ventral eine mediane Rinne aufweist, zu deren beiden Seiten der Knorpel leistenförmig vorspringt. Vergl. den Querschnitt in Fig. 2 (Taf. I). Indem sich weiter basal der Knorpel aus den ihn terminal bergenden Schleimhautfalten zurückzieht, ist er auf den medianen Abschnitt beschränkt, welcher allmählich in zwei Hälften sich sondert, mit denen er ausläuft. Erst mit diesen beiden »Fortsätzen« erreicht er das Thyreoid, dessen medianer Theil durch einen tiefen Ausschnitt von den lateralen Platten getrennt ist, die viel weiter als der mediane Abschnitt sich nach vorn erstrecken, wie auch eine Vergleichung der Figuren 2 und 3 (Taf. II) verständlich macht. Der massivere, durch seine ventrale Rinne in zwei

---

[1] Die Kehlkopftaschen münden hier dicht über dem Thyreoidansatze der Stimmbänder aus.

Hälften gesonderte Theil der Epiglottisplatte dient also hier nicht zur Befestigung am Thyreoid. Nur die beiden basalen »Fortsätze« erfüllen diese Function, indem sie sich in Ausschnitte der hinteren (dorsalen) Fläche der medianen Thyreoidpartie anfügen. Hierin liegt ein bedeutender Unterschied gegen die Epiglottisplatte des Kaninchens, während die basale Duplicität des Knorpels beiden Nagern gemeinsam ist. Diese ist aber bei der Ratte viel weiter proximal in den genannten Leisten ausgesprochen, von denen beim Kaninchen nichts besteht. Ob dieser letztere Zustand aus einer Anpassung an das bei Lepus anders gestaltete Thyreoid hervorging, ob also bei der Ratte ein primitiverer Zustand des Epiglottisknorpels besteht, darüber möchte ich für jetzt kein bestimmtes Urtheil äussern.

In einer etwas andern Art besteht die Verbindung des Epiglottisknorpels mit dem Thyreoid bei Arvicola. Bei einem neugeborenen Thiere war der Knorpel auf einer langen Strecke paarig, und beide Stücke traten erst im freien Theile der Epiglottis in Concrescenz. Jede der beiden stabförmigen Hälften — die wir hier nicht mehr als blosse Fortsätze behandeln können — lehnte sich an einen dorsalen Vorsprung des Thyreoid, welcher median ausgehend sich in zwei Abschnitte sonderte.

Für die untersuchten Nager ist die Anfügung des Epiglottisknorpels an der Innenfläche des Thyreoid gemeinsam und darin liegt die Verschiedenheit von den Marsupialiern, durch welche mehr an die Befunde bei Echidna erinnert wird. Auch in der basalen Trennung ist eine Aehnlichkeit mit Echidna ausgesprochen.

Eine Lockerung der Verbindung des Epiglottisknorpels ist bei den Prosimiern allgemein geworden. Stenops und Otolicnus haben noch primitive Verhältnisse, indem der Knorpel dem Thyreoidrande angefügt ist. Bei Lemur dagegen tritt der sehr grosse, den Kehlkopfeingang beiderseits umfassende Knorpel hinter das Thyreoid, mit dessen Vorderrand er jedoch durch eine Bindegewebslamelle zusammenhängt.

Unter den Affen finde ich die Verbindung mit dem Thyreoidrande mehr an dessen Innenseite bei Platyrrhinen. Der an der Basis schmale, erst terminal verbreiterte Knorpel besitzt bei Cebus zwei starke, abgerundete Vorsprünge, zwischen welchen ein medianer, nach innen sehender Vorsprung des Thyreoid einragt. Lockeres Gewebe verbindet diese Theile, so dass der Knorpel wie in einem Charniergelenk beweglich ist. Bei Ateles ist der schon basal sehr breite und gleichfalls stark verdickte Knorpel mit ähnlichen, aber minder prominirenden Vorsprüngen versehen, und ist mit diesen durch lockeres Gewebe mehr der Innenfläche des Thyreoid-Randes befestigt. Eine Verstärkung des letzteren vermisse ich. Unter den Katarrhinen schliesst sich die Platte bei Cynocephalus durch zwei starke basale Vorsprünge an die vorerwähnten Formen an, von denen sie sich jedoch durch ihre terminale Verschmälerung unterscheidet. Ziemlich starke, aber zum Theile elastische Gewebsmassen befestigen sie innen am Rande des Thyreoid. Frei von letzterem ist sie bei Inuus, wo sie zugleich mehr der Innenfläche verbunden ist. Beim Orang ist die lateral stark eingerollte Knorpelplatte basal gleichfalls verdickt, und trägt hier gegen das Thyreoid zu jederseits einen queren, leistenförmigen Vorsprung von etwas unregelmässiger Form.

Ein Ueberblick über die von den Monotremen durch die Marsupialier in die Primatenreihe gehenden Zustände der Verbindung des Epiglottisknorpels zeigt uns denselben aus der ihm bei den Monotremen zukommenden Unabhängigkeit in engere Beziehungen zum Thyreoid gerathen, dem er bei den Beutelthieren fest verbunden ist. Diese mit dem freien Rande des Thyreoid eingegangene Verbindung lockert sich bei den Placentaliern, erhält sich aber noch bei Manchen fort. Die Verbindungsstelle liegt aber nicht mehr am freien Rande, sondern tritt nach der Innenseite des Randes zu. Manche Prosimier und platyrrhine Affen (Cebus) zeigen die Randverbindung am vollständigsten erhalten, indes sie bei den Katarrhinen, wie schon bei Lemur, sich gelöst hat. Wir sehen also den Epiglottisknorpel auf einem verschiedene Stadien darbietenden Wege der Entfernung von dem Marsupialier-Zustande.

Mit dieser Veränderung der Verbindung tritt auch eine Aenderung der Richtung des Knorpels ein, welche die gesammte Epiglottis beeinflusst. Bei den Beutelthieren bildet der Knorpel mit seiner Längsachse einen dorsalwärts sehr offenen Winkel mit der gleichen Achse des Thyreoid. Auch bei den Prosimiern ist dieser Winkel noch in ähnlichem Verhalten, selbst bei den Lemuren, wo doch der Knorpel schon der Innenfläche des Thyreoid anliegt. Dagegen wird dieser Winkel bei den Affen nahebei zu einem rechten. Auch bei anderen Placentaliern ist diese Aenderung in Vergleichung mit Marsupialiern erkennbar. Diese Modification der Stellung der Epiglottis steht wohl mit geänderten functionellen Verhältnissen im Zusammenhange. Indem die Epiglottis nicht mehr die bei Beutelthieren allgemein ihr zukommende Rolle eines Stützorgans für den in den engen Isthmus pharyngo-nasalis ragenden Kehlkopfeingang besitzt, nachdem jener Isthmus in andere Verhältnisse überging", tritt die Bedeutung eines Schutzorgans für jenen Eingang hervor und bringt die Epiglottis der Function eines »Kehldeckels« näher.

An den sehr mannigfachen Formzuständen des Knorpels, die wir, als für unsere Aufgabe nicht belangreich, nur in einzelnen Fällen berücksichtigen konnten, ist das Verhalten des basalen Theiles von viel grösserer Bedeutung, als jenes der im freien Abschnitte der Epiglottis befindlichen Knorpelstrecke. Wenn die Epiglottis mit dem in der Schleimhautfalte sich sondernden Knorpel hervorwächst, so verhält sich der an der Basis geborgene Knorpel als der ältere Theil, gegen den von ihm aus neu entstehenden, somit jüngeren. Wir werden den freien Theil vom basalen Theile aus entstanden uns vorstellen müssen.

Die Eigenschaften des basalen Abschnittes sind uns daher bei der Beurtheilung des primitiven Verhaltens verwerthbar. An ihnen hat die Function der Epiglottis gewiss weniger verändernd

---

1) Dem Einwurf, dass ja auch bei den Placentaliern eine Bursa pharyngo-nasalis verbreitet sei, wie ich sie ja selbst oben (S. 11) mehrfach hervorhob, begegne ich mit der Bemerkung, dass ich keineswegs die Allgemeinheit der Säugethiere, sondern wesentlich die Primatenreihe im Auge habe. Aber auch für die anderen Placentalier ist der Satz keineswegs ungültig, da ja überall, wo auch jene Bursa pharyngo-nasalis vorkommt, sie als aus einem niederen Zustande erhalten zu beurtheilen ist. Der andere Zustand ist dann aus diesem entstanden zu erachten. Zu allen diesen Verhältnissen die jedesmaligen Beziehungen der Epiglottis darzustellen, lag ausserhalb meiner Aufgabe.

eingegriffen. All den Einwirkungen, wie sie in den Beziehungen der Epiglottis zum weichen Gaumen und auch zum Nahrungswege dargelegt sind, ist die Basis minder ausgesetzt, wenn nicht ganz entzogen. Deshalb darf wohl auf die basal bestehende Duplicität des Knorpels, wie sie bei den Monotremen und Nagern besteht, Gewicht gelegt werden. Wenn der freie Theil der Knorpelplatte der später entstandene ist, so ist auch die Einheitlichkeit desselben ein erworbener Zustand, und es läge dann eine Concrescenz von zwei ursprünglich discreten Skelettheilen vor. Besonders wichtig sind in dieser Beziehung die Monotremen, indem bei Ornithorhynchus die basale Trennung als eine enge schmale Spalte in der Knorpelplatte sich ausdrückt, während bei Echidna zwei weit von einander abstehende Fortsätze bestehen. Dass auch bei den Placentaliern solche paarige Theile vorkommen, scheint mir ein nicht minder wichtiger Umstand. Wollte man sie als secundäre Producte des Wachsthums der Platte deuten, so steht dem entgegen, dass diese »Fortsätze« bei jungen Thieren (Kaninchen, Ratte) keine Spur eines Weiterwachsens mehr erkennen lassen, während solche am freien Rande der Platte unverkennbar sind. Endlich besteht bei Kaninchenembryonen von 3 cm eine völlig paarige Anlage des Knorpels.

Ich erblicke also in der basalen Duplicität des Knorpels ein primitives Verhalten[1]. Wenn es bei Beutelthieren nicht mehr erscheint, so ist das durch die Thyreoidverbindung erklärbar. Ob aber nicht in noch jüngeren Stadien als den von mir untersuchten eine Andeutung von Paarigkeit der Knorpelanlage besteht, werden neue Untersuchungen zu ermitteln haben. Jedenfalls kann der Ausfall basaler Duplicität des Knorpels bei Marsupialiern nicht zur Minderung des Gewichtes bei den anderen Befunden benutzt werden, da der Knorpel in neue Beziehungen getreten ist. Dieser Auffassungsweise entspricht auch die Wiederkehr paariger Basaltheile bei manchen Placentaliern, deren Epiglottisknorpel keine Verbindung mit dem Thyreoidrande besitzt.

b) Textur des Knorpels und Verhalten desselben zur Schleimhaut.

Die Textur des Epiglottisknorpels ward bisher vorwiegend bei höheren Placentaliern, vor allem beim Menschen in Untersuchung gezogen, wie ja unsere Vorstellungen von der gesammten Epiglottis lange Zeit hindurch auf die Befunde beim Menschen gestützt waren. War man auch in der Bezeichnung jener Stützplatte als Knorpel einig, so differirten doch die specielleren Auffassungen. Von diesen hebe ich zwei hervor. KÖLLIKER[2] neigt sich am meisten der Deutung des

---

1) Dass am freien Theile der Epiglottis der Knorpel selbstständigere Bildungen eingeht, konnte ich besonders deutlich beim Kaninchen beobachten, die einheitliche Knorpelplatte läuft hier gegen den freien Rand zu in mehrfache Knorpelstreifen, breitere und schmälere, aus. Das Wachsthum des Knorpels hat sich hier von den primitiveren Zuständen der Basis völlig emancipirt.

In wie weit der paarige Vorsprung der Epiglottisanlage beim Kaninchen (ROTH in Schenk's Mittheilungen aus dem embryolog. Institute der k. k. Universität in Wien, II. Heft, 1878) und ein ähnlicher Befund der Epiglottisanlage beim Menschen (His, Anat. menschl. Embr. III, 1885) auf die primitive Duplicität auch des Knorpels sich bezieht, ist nicht sicher zu stellen.

2) Mikroskopische Anatomie. II. 2. 1852. S. 297. Ebenso in den Auflagen der »Gewebelehre«.

Gewebes als eines aus Knorpel hervorgegangenen zu, indem er die »Fibrillen der Grundsubstanz« von einer anfangs mehr homogenen Grundsubstanz ableitet. Damit ist die Vorstellung einer ursprünglich andern Beschaffenheit deutlich ausgesprochen. Dieser Auffassung gegenüber stellt sich jene von Henle[1]), welcher das Gewebe als »Faserknorpel« bezeichnet, und es damit anderen gar nicht aus Knorpel hervorgegangenen Gebilden anschliesst.

Wenden wir uns der Prüfung jenes Gewebes in den unteren Abtheilungen der Säugethiere zu, so bietet es uns besonderes Interesse bei den Monotremen, da dasselbe hier nur aus hyalinem Knorpelgewebe besteht. Bei aller Uebereinstimmung, welche Echidna und Ornithorhynchus darin besitzen, dass die Intercellularsubstanz des Knorpels nicht sehr reichlich ist, so dass die Zellen hin und wieder sogar durch geringere Substanzzüge von einander getrennt sind, als der Durchmesser der Zellen selbst beträgt, so ergeben sich doch einige Verschiedenheiten. Ornithorhynchus besitzt kleinere Elemente als Echidna und bei letzterer kommt mehr eine säulenförmige Anordnung der Zellen zum Ausdruck, die sich auch in der Dicke der den Knorpel durchsetzenden Intercellularsubstanz genügend ausspricht (s. Fig. 1, Taf. 1). Besonders sei hervorgehoben, dass der Knorpel nicht mehr dem sogenannten Vorknorpel entspricht. Das ist bei Echidna sehr deutlich, da hier sogar eine Andeutung von Knorpelkapseln wahrgenommen ist. Die Beschaffenheit erhält sich in der ganzen Ausdehnung des Knorpels gleichartig, die Intercellularsubstanz hin und wieder mit leichter Andeutung von »Knorpelkapseln«, aber ohne jegliche elastische Faserzüge.

In den oberflächlichen Schichten des Knorpels sind etwas kleinere Formelemente vorhanden, welche zugleich dichter angeordnet sind, dann folgen gestrecktere Formen querer Anordnung; an diese schliessen sich Bindegewebszüge an, in welchen, besonders an der Vorderfläche des Knorpels bei Echidna, Spindelzellen sehr reich verbreitet sind. Die Züge fibrillären Bindegewebes sind rings um die gesammte Oberfläche des Knorpels verfolgbar und bilden somit eine Perichondrium-Schichte, die nirgends fehlt.

Unter den Marsupialiern ist der Knorpel bereits mit elastischer Modification zu finden, weniger bei Dasyurus und Perameles, mehr bei Halmaturus ausgeprägt. Dabei bleibt aber immer noch, zuweilen über Strecken hin, völlig hyaline Intercellularsubstanz erhalten. Bei Dasyurus ist die Intercellularsubstanz nur wenig entwickelt, jeweils nur den vierten Theil des Durchmessers der Knorpelzellen betragend. Auch feinere elastische Netze habe ich vermisst, dagegen machen sich hin und wieder breitere Faserzüge bemerkbar. Feine Netze sind dagegen bei Halmaturus vorhanden, auch die Knorpelzellen zeichnen sich durch grössere, meist in Mehrzahl vorhandene Fetttröpfchen aus. Auch unter den Placentaliern besteht eine sehr bedeutende Verschiedenheit in der Ausbildung elastischer Netze in der Intercellularsubstanz. Ohne Fasernetze fand ich den Knorpel der Ratte (bei einem noch nicht völlig ausgewachsenen Exemplare). Das Knorpelgewebe unterschied sich nur durch etwas geringere Intercellularsubstanz von dem anderer Knorpel des Larynx. Die hyaline Beschaffenheit waltete am basalen wie am freien Abschnitt des Knorpels.

---

[1] Handb. d. syst. Anat. 1. Aufl. II. S. 235.

Sehr gering ist bei manchen Prosimiern (Stenops) das elastische Fasernetz, man sieht nur hin und wieder schwache Züge, die nicht die Schärfe der Conturen besitzen, wie sie sonst die elastischen Fibrillen auszuzeichnen pflegt. Sie gewinnen diese auch nicht durch Behandlung mit Reagentien, so dass man die Vorstellung eines anderen Zustandes des Elastins empfängt. Andere bieten dagegen ein sehr reiches und feines elastisches Netz (Lemur mongoz). Eine sehr ungleiche Ausbildung elastischen Gewebes finde ich beim Orang. Während feinere Netze allgemein verbreitet sind, an vielen Stellen jedoch mit jenen nur sehr schwach ausgesprochenen Fasercomplexen wechselnd, sind hier auch gröbere Netze vorhanden, deren Fasern streckenweise von ziemlicher Breite sind. Derb verzweigte Massen elastischen Gewebes sind so zwischen die subtileren Formationen eingesprengt. Ich finde sie reicher erst in einiger Entfernung von der Basis.

Dass die Bildung von elastischen Fibrillen gegen den freien Epiglottisrand zunimmt, zeigen besonders die mit basalen Fortsätzen versehenen Epiglottisknorpel des Kaninchens, bei denen die »Fortsätze« fast ganz aus Hyalinknorpel bestehen. Beim Kaninchen halten sich die elastischen Züge in ihrem intercellularen Verlaufe in einiger Entfernung von der Wand der »Knorpelhöhlen«, so dass jede Knorpelzelle noch von einer hyalinen Substanzschichte umgeben ist.

Völlig hyalines Knorpelgewebe finde ich basal bei Rhinolophus vor (Fig. 5, Taf. I, worüber bei dem Verhalten zur Schleimhaut noch näher zu berichten ist.

Die Vergleichung der verschiedenen Befunde unter einander ergiebt eine Umwandlung des Knorpels nach den höheren Abtheilungen, denn der zweifellose Hyalinknorpel erhält sich nur bei den Monotremen; bei Marsupialiern ist die elastische Veränderung bereits verbreitet, aber bei Prosimiern erscheint auch der Beginn einer Umwandlung in der Intercellularsubstanz noch vorhanden und lässt schliessen, dass auch bei den Placentaliern der Hyalinknorpel den Ausgangspunkt vorstellt[1]. Der Knorpel der Epiglottis ist somit phylogenetisch aus einem hyalinen Zustande hervorgegangen und hat erst bei den echten Mammalia die Modification in elastischen Knorpel erworben, während er bei den promammalen Monotremen den primitiven Gewebszustand auch beim ausgewachsenen Thiere beibehält.

Wenn auch aus den bisher dargelegten Verhältnissen des Knorpels eine gewisse Selbstständigkeit desselben erkannt werden möchte, so bedarf doch die Frage seiner Beziehung zur Schleimhaut einer besonderen Prüfung. Von allen die Epiglottis betreffenden Punkten ist die Vorstellung, dass der Knorpel ein Product der Schleimhaut sei, der unbestrittenste. Zuletzt hat sich noch Dumont[2], dem wir so wichtige Mittheilungen über andere Theile des Säugethierlarynx zu danken haben, in dieser Richtung geäussert. Zur Ermittelung des Verhaltens zur Schleimhaut dienten mir Schnittserien des Organs und seiner Umgebung bei Monotremen, sowie solche vom gesammten Larynx von Beuteljungen mehrerer Marsupialier.

---

1. Zur Vorbeugung von Missverständnissen, auch in ihrer unbewussten Art, bemerke ich, dass ich mit jenem Ausspruche nichts weniger als die Vorstellung verknüpfe, dass auch ontogenetisch überall Hyalinknorpel die Anlage des Epiglottisknorpels darstelle. Der Nachweis, dass das nicht der Fall ist, dass da wo später kein Hyalinknorpel besteht, auch in den ersten ontogenetischen Stadien kein solcher vorkommt, gilt mir somit nicht als »Widerlegung«.

2. Anatomischer Anzeiger 1. Jahrg. 1886. No. 9.

Für die Lagebeziehungen des Epiglottisknorpels ist zunächst der basale Abschnitt desselben von dem frei vorragenden zu unterscheiden. Der erstere zeigt sich bei Echidna an seinem paarigen Beginne weit von der Schleimhautoberfläche entfernt (vergl. Fig. XI). Da, wo jede Hälfte des Knorpels mit einem fast um die ganze Breite des distal einheitlichen Stückes vom anderseitigen abstehenden Stäbchen beginnt, befinden sich mächtige Massen acinös geordneter Drüsenschläuche unter der Oberfläche der Schleimhaut und drängen diese von dem Knorpel ab. Median bietet die Schleimhaut eine scharfe Einbuchtung, dem gleichfalls von Drüsen eingenommenen Raume zwischen den beiderseitigen Knorpeltheilen zugekehrt. Auch unterhalb der Knorpel, tiefer in dem Kehlkopf, besteht dasselbe Drüsenlager, erstreckt sich aber nicht ventralwärts vor den Bereich der Knorpel. In dem Maasse als die beiderseitigen Knorpeltheile einander unter Verbreiterung sich nähern, nimmt die Drüsenschichte an Mächtigkeit ab, besteht aber auch fernerhin noch an der einheitlichen Platte, deren Hinterfläche sie bekleidet.

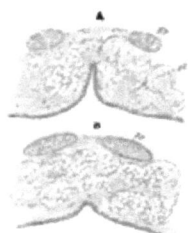

Fig. XI. Querschnitt durch die Basis der Epiglottis von Echidna setosa. pf Drüsen.

Am freien Abschnitte der Epiglottis ist sie allmählich sehr schwach geworden, die Schleimhaut überkleidet direct den Knorpel und setzt sich lateral noch weit über den Rand des letzteren ebenso wie auch medial zum freien Rande der Epiglottis fort. Diese wird somit, wie schon oben beim Knorpel angedeutet, nur zum Theile durch den Knorpel gestützt, zum anderen Theile, marginal, ist sie ausschliesslich durch eine Schleimhautfalte gebildet.

Bei der allmählichen Reduction der Drüsenschichte kommt also die Schleimhaut der Hinterfläche des Knorpels näher, bis sie ihn direct überkleidet, wobei sie nur durch schwache Bindegewebszüge vom Knorpel geschieden ist, während vorn sehr reiches lockeres Bindegewebe lagert. Es ist von Belang, dass die Drüsenschichte sich nicht basal zwischen die Theilungsstelle des Knorpels eindrängt. Hier zieht eine Bindegewebslage locker gefügt von einer Hälfte zur andern, und dieses Bindegewebe ist auf den Querschnitten auch ferner zum einheitlichen Knorpelstücke verfolgbar. Ebenso wichtig ist die Unabhängigkeit der Gestaltung des Knorpels von den Drüsen. Selbst da, wo diese den Knorpel oder vielmehr das diesen umschliessende Bindegewebe berühren, besteht nirgends ein Eingriff auf das Stützgebilde. In dieser Selbständigkeit erweist sich auch der Knorpel bei Ornithorhynchus, bei welchem jedoch basal ein Eindringen von Drüsen in den Knorpel eine Trennung desselben in einzelne Stücke, die nicht mit den oben erwähnten beiden Hälften zu verwechseln sind, hervorgerufen hat. Der freie Theil der Epiglottis bot auch durch den Besitz einer dünnen Drüsenschichte im Wesentlichen den gleichen Befund wie bei Echidna dar.

Für den freien Theil der Epiglottis ist es nur der engere Anschluss an die Schleimhaut, wodurch man zur Annahme einer Zusammengehörigkeit kommen mag. Die genauere Prüfung zeigt auch hier die Schleimhaut als einen Ueberzug, der nur der hinteren Fläche des Knorpels sich enger anschliesst, aber der Knorpel selbst ist hier ebenso selbständig. Bei der schwächeren Drüsenschichte lässt sich zugleich die Scheidung von Mucosa und Submucosa besser beurtheilen, und es ergiebt sich dann in Berücksichtigung einzelner drüsenarmer Partien, dass die Drüsenschichte eigentlich einer Submucosa angehört. Es besteht dann unter dem Epithel eine, an tingirten Präparaten intensiver gefärbte, allerdings dünne Schichte, welche der Mucosa auch an anderen Kehlkopfregionen entspricht. Das fester gefügte Bindegewebe dieser oberflächlichen Lage steht im deutlichen Gegensatz zu dem schwach tingirten und sehr lockeren Gewebe der darunter befindlichen Schichte, die ich als Submucosa ansprechen darf. Erst diese ist es, die an den Knorpel grenzt.

Wie aus Schnittserien der Epiglottis von Monotremen, so ergiebt sich mir auch aus solchen von Beutelthieren, sowie mancher Placentalier (Fig. 2 und 3, Taf. I, 6 und 7, Taf. II), keine andere Beziehung des Knorpels zur Schleimhaut, als dass diese eine blosse Ueberkleidung desselben darstellt, welche der einen Fläche des Knorpels (der laryngealen) meist näher anliegt als der anderen (lingualen). Sehr deutlich erkennt man das z. B. auf den vom Kaninchen gegebenen Abbildungen. In Fig. 6 Taf. II ist die Lage des Perichondriums um den gesammten Knorpel eine durchaus gleichmässige und von der Schleimhaut deutlich abgegrenzt. Die Schleimhaut überkleidet auch hier den Knorpel an seiner freien Strecke durchaus gleichmässig und die bekannte Verschiedenheit in der Art des Anschlusses besteht nur vorn, wo die Schleimhaut von der Zunge zur Epiglottis sich begiebt. Auch die basalen Vorsprünge des Knorpels finden sich beim Kaninchen auf einer ganz geringen Strecke der Schleimhaut benachbart (Fig. 8). Bei der Ratte kann man sich von dem gleichen Verhalten überzeugen. Im Wesentlichen dasselbe besteht auch bei Arvicola.

Eine scheinbar engere Verbindung des Epiglottisknorpels mit seinem dorsalen oder laryngealen Schleimhautüberzuge tritt durch den Drüsenapparat des letzteren hervor. Von der Epiglottis des Menschen ist längst bekannt, dass der Knorpel von Drüsen durchsetzt wird; dann ergiebt sich auf Schnittpräparaten eine Abwechselung von grösseren oder kleineren Knorpelpartien, und man hat von daher ausgehend kein Bedenken getragen, mit den Drüsen auch den dazwischen befindlichen Knorpel der Schleimhaut zuzurechnen. Daraus entsprang also die bisherige Vorstellung vom Epiglottisknorpel.

Nach meinen Erfahrungen ist jedoch der erste Zustand des Epiglottisknorpels durchaus ohne jene Beziehungen zu Drüsen, auch beim Menschen. Der Knorpel ist an seiner laryngealen Fläche, ähnlich wie er es dauernd bei Echidna, auch am grössten Theile der Epiglottis von Ornithorhynchus ist, allgemein nur von Schleimhaut überkleidet, und gegen letztere bleibt die perichondrale Schichte deutlich abgegrenzt. Dieser Zustand erhält sich für die verschiedenen Abtheilungen der Säugethiere verschieden lange Zeit und ebenso auch verschieden nach den Regionen der Epiglottis. Bei dem untersuchten jungen Orang war der gesammte Knorpel noch intact. Im Grossen und Ganzen ergreift die Wucherung von Drüsen die basale Region des Knorpels früher und intensiver als den Knorpel des freien Theiles der Epiglottis, an welchem, als dem später entstandenen Abschnitte, der primitivere Zustand in dieser Hinsicht länger und vollkommener sich forterhält.

Als Beispiele für das Verhalten des Knorpels zu den Drüsen des Schleimhautüberzugs wähle ich Prosimier. Bei ausgewachsenen Exemplaren von Stenops tardigradus und Otolicnus Galago boten Querschnitte des äussersten Randes gar keine Drüsen, dann folgten Schnitte, an denen die

Drüsenbildung nur vereinzelt bestand und noch nicht den Knorpel erreichte. Tiefer abwärts war hin und wieder eine einzelne Drüse in den Knorpel eingedrungen. Bei Otolicnus waren dann an der mit einem medianen Vorsprunge versehenen und dadurch an das Verhalten von Echidna erinnernden Strecke des Knorpels grössere Drüsenmassen aus Gruppen von Schläuchen bestehend in den Knorpel eingebettet. Dies ging soweit, dass der grössere Theil des Knorpelvolums durch Drüsen ersetzt war (vergl. Fig. XII B_1), und nur an der Oberfläche bestand noch eine grösstentheils, lingual stets zusammenhängende, aber nach innen zu unregelmässig gebuchtete Knorpelmasse. Eigenthümlich stellt sich die Durchbrechung der Seitenränder des Knorpels durch Ausführgänge von Drüsen dar, die hier eingewuchert sein mussten (C, a). Stenops besass nur in geringerem Grade die Einbettung von Drüsen in den Knorpel, so dass der bei weitem grösste Theil des letzteren auch basal davon frei

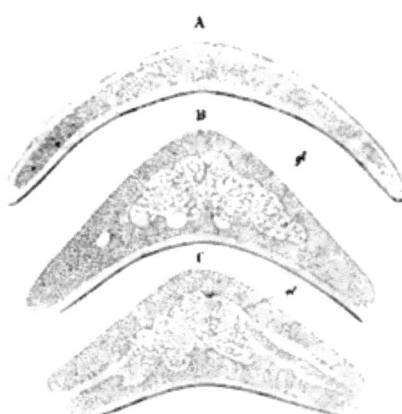

Fig. XII. $A\ B\ C$ drei Querschnitte durch den Epiglottisknorpel von Otolicnus Galago. *gl* Drüsen, *a* Ausführgänge.

war. Die Mehrzahl der Drüsen verhielt sich als einfache Schläuche. Nur an der Basis befanden sich grössere, symmetrisch nach beiden Seiten vertheilt. Sie durchsetzten mit ihren Ausführgängen senkrecht die Dicke des Epiglottisknorpels und bildeten, an der lingualen Knorpelfläche sich verzweigend, hier eine grössere Masse, welche zum Theile auch in den benachbarten Thyreoidknorpel eingesenkt war.

Die Vergleichung der mannigfachen Zustände der Drüsen in ihrem Verhalten zum Knorpel lehrt, dass es sich hier um eine Zerstörung des letzteren durch die von der Schleimhaut her in ihn eindringenden Drüsen handelt, und nicht um eine Entstehung von Knorpelgewebe in den Zwischenräumen der Drüsen. Wo, wie bei Otolicnus, die äussere Form des Knorpels sich so vollständig erhält, wenn auch das Innere zum grössten Theile von Drüsen eingenommen wird, da kann kaum ein Zweifel bestehen, dass bei einer minderen Entfaltung der Drüsen, wie sie Stenops an der identischen Strecke des Knorpels darbietet, der Knorpel reichlicher vorhanden war, wie er es eben bei Stenops noch ist. Bei letzterem zeigt auch die, selbst den Thyreoidknorpel nicht verschonende Wirkung der Drüsen, dass das Maass der Erhaltung des Epiglottisknorpels vor allem von der Art der Ausbreitung der Drüsen abhängig ist.

Der Einfluss des Drüsenapparates zeigt sich auch in anderen Fällen sehr deutlich. Ich führe von solchen ein Beispiel von den Chiropteren an. Bei Rhinolophus hipposideros bietet die Epiglottis im allgemeinen ein annähernd ähnliches Querschnittsbild, wie es oben von Lepus cuniculus dargestellt wurde. Die Epiglottis springt vom Kehlkopfeingange jederseits wie eine Schleimhautfalte vor, auf deren äusserer Fläche sich kleinere Falten erheben, während die innere Fläche glatt ist. (Vgl. den Querschnitt in Fig. 4 Taf. I). Der von der Epiglottis abgegrenzte Raum ist aber ziemlich weit vom spitzwinklig vorspringenden Schildknorpel entfernt, und diesen Raum nehmen grösstentheils Drüsen ein. An manchen derselben bestehen Complicationen, wie überhaupt der Larynx der Chiropteren eigenthümliche Einrichtungen besitzt[1]. Uns interessiren von den Drüsen nur jene, welche auf der Epiglottisschleimhaut ausmünden. Während der vorspringende Theil der Epiglottis frei war, findet sich eine grössere Zahl an der dem Thyreoid zugewendeten Partie, und hier bemerkt man, besonders an den tiefer genommenen Schnitten, zwischen den Drüsen vereinzelte Knorpelmassen wie eingesprengt (vgl. Fig. 4 Taf. I). Sie liegen nach innen von den in verschiedenen Richtungen getroffenen Drüsenschläuchen, welche zum Theil deutliche Ramificationen bieten. Da wo in anderen Fällen der scharf abgegrenzte Epiglottisknorpel sich findet, bieten sich hier nur zersprengte Theile desselben, und nur weiter basal besteht vorn eine grössere zusammenhängende Masse. Sie ist median gegen das Thyreoid zu bedeutend verdickt, und verschmälert sich nach beiden Seiten gegen den freien Epiglottistheil, ohne jedoch dessen Wurzel zu erreichen. Auch in dieses Stück buchten sich, und zwar von vorn her, Drüsenschläuche ein. Weiter abwärts folgt dann eine Stelle, an welcher dieser Knorpel jederseits durch ein symmetrisch gelagertes aus ihm fortgesetztes Knorpelstück vertreten ist, so dass also der eigentliche Basaltheil wieder paarig sich darstellt.

Wenn wir bei Prosimiern sahen, wie der Knorpel durch Drüsen eine Beschränkung erfuhr, indem er mehr oder minder zerstört ward, so ist bei Rhinolophus dieser Process viel weiter gediehen, und wir können von einer Auflösung des Knorpels in zahlreiche Theile sprechen[2]. Durch Combination mehrerer Schnitte lässt sich zwar für eine Anzahl der Knorpelpartikel der Zusammenhang mit anderen nachweisen, aber nicht wenige ergeben sich als isolirte Bildungen. Sie sind gegen das benachbarte Bindegewebe nicht scharf abgegrenzt (Fig. 5 Taf. I). Nur an dem freien Theil der Epiglottis ist ein zusammenhängender Knorpel erkennbar. Aus dem Zusammenhalte der Fragmente lässt sich jedoch noch die allgemeine Gestaltung erkennen, von welcher die massivere Bildung der Basis und deren Fortsetzung in zwei Zacken, beides an die Befunde bei Nagern erinnernd, das Bemerkenswertheste ist.

Für das feinere Verhalten des Knorpels ist das Fehlen elastischer Fasern hervorzuheben. Die Knorpelzellen liegen dicht gedrängt, mit spärlicher, völlig homogen sich darstellender Intercellularsubstanz. An den Knorpelpartikeln vermisst man eine Perichondriumschichte, es besteht

---

[1] Diese betreffen vorzüglich die Ausbuchtungen der Schleimhaut in Nebenhöhlen. Auch manche andere eigenthümliche Befunde ergeben sich am Chiropterenlarynx. Näher darauf einzugehen, verbietet mir die für diese Abhandlung ins Auge gefasste Aufgabe. Ueber die gröbere Structur des Larynx siehe A. Robin, Ann. des sc. nat. Sér. VI. T. XII.

[2] Der bei der Auflösung des Epiglottisknorpels sich darstellende Process erinnert an einen Befund, welchen ich vom Knorpel der Unterzunge von Stenops gracilis beschrieben habe (Morphol. Jahrb. Bd. XI. S. 569). Hier war ein in bestimmten Umrissen darstellbares Gebilde nur noch an einzelnen Stellen knorpelig gebaut, während die Lücken durch Fettgewebe Ausfüllung fanden. Indem dabei die äussere Gestalt erhalten blieb, besteht eine Analogie mit dem Epiglottisknorpel von Otolicnus (s. oben).

nur das auch sonst mit den Drüsen in der Epiglottis verbreitete Bindegewebe. Daraus ist zu schliessen, dass der Process der Auflösung des Knorpels sehr frühzeitig stattgefunden haben wird, wahrscheinlich schon zur Zeit der ersten Anlage des Knorpels. Dessen Reste haben sich dann weiter ausgebildet, ohne zur elastischen Modification der Intercellularsubstanz zu gelangen. Gegen die überkleidende Schleimhaut zu besitzt der Knorpel nur am freien Ende der Epiglottis eine deutliche Abgrenzung, während die tieferen, fragmentirten Theile derselben entbehren. Die Knorpelzellen gehen hier allmählich in kleinere Formen über, und diese grenzen unmittelbar an die Bindegewebslagen der Schleimhaut Fig. 5. Ein nur auf solche Objecte gestütztes Studium der Epiglottis würde die Genese des Knorpels aus der Schleimhaut als von Vielen nicht zu beanstandendes Ergebniss hinstellen können. Daraus ist ersichtlich, welche Bedeutung die Wahl der Untersuchungsobjecte besitzt, und wie es der vergleichenden Prüfung bedarf, um den Werth eines Befundes zu ermitteln, und darüber zu entscheiden, ob man es mit einem primitiven, oder mit einem bereits veränderten, für die Frage der Genese keinen Ausschlag gebenden Zustande zu thun hat. Ein Zustand der letzteren Art liegt hier vor, der Epiglottisknorpel hat seine Rolle zum grossen Theil ausgespielt, bleibt geweblich auf der primitiven Stufe, unter Verlust der Einheitlichkeit und Selbständigkeit — ein rückgebildetes Organ.

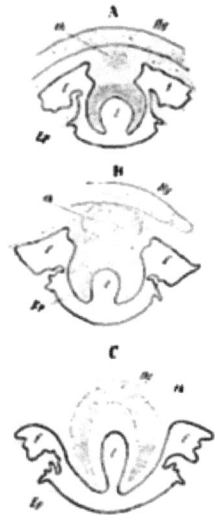

Fig. XIII. A B C Querschnitte durch den Kehlkopf eines 3 cm grossen Beuteljungen von Perameles.
Hy Hyoid, th Thyreoid, Ep Epiglottis mit Knorpelanlage, l Kehlkopfraum, f Fauces.
Schwach vergrössert.

Die Prüfung des Entwickelungsganges des Epiglottisknorpels in niederen Abtheilungen der Säugethiere, wie der Marsupialier, vermag uns einen Schritt weiter zu führen, wenn dabei die Frage, ob der Knorpel in toto angelegt wird, oder von einer bestimmten Stelle aus sich sondert, Entscheidung finden kann. Beuteljunge von Perameles von 3 und 5 cm Körperlänge boten insoferne günstige Objecte, als der Epiglottisknorpel hier erst im Beginne seiner Differenzirung war. Die Querschnittserien des Kehlkopfes und seiner Umgebung zeigten bereits eine formal ausgebildete Epiglottis, wie ja in Anbetracht der Lebensbedingungen dieser Thiere nicht anders zu erwarten war[1]. Die Epiglottis stellte eine faltenförmige Erhebung vor, welche durch die Vergleichung der Einzelschnitte recht gut auf den ausgebildeten Zustand bezogen werden konnte, wenn auch die Configuration des Aditus laryngis in etwas anderem Verhältnisse sich darstellte. Die Falte war nur von der Schleimhaut gebildet und zeigte in den ersten Schnitten nur diese, während in den folgenden, unter Verbreiterung der dorsalwärts gerichteten, den Kehlkopfeingang jederseits umgebenden Lamelle, in dieser eine dichte Zellmasse erschien. Auf ferneren Schnitten ergab sich

---

[1] Diese jüngsten Studien, die mir zu Gebote standen, boten unter sich zwar manche Verschiedenheiten, aber doch nicht so bedeutende, dass sie bei der Beschreibung auseinander zu halten nöthig wäre.

ein Anschluss der Zellmasse an andere Theile (Fig. XIII A. B.). In diesen Schnitten zeigte sich bereits der Körper des Zungenbeins (hy). Aber hinter diesem und ihm ganz nahe fand sich noch ein Knorpel in medianer Lage, und von diesem ging die vorerwähnte Zellmasse in die beiderseitigen Epiglottislamellen über, wobei die Zellmasse, vor dem genannten Knorpel mit der anderseitigen sich vereinend, bei ihrer Fortsetzung in die Epiglottislamelle wie auf den vorhergehenden Schnitten allmählich verjüngt war. Die folgenden Schnitte boten den fraglichen Knorpel verbreitert und in halbmondförmiger Krümmung dar, mit nach hinten gerichteter Concavität. Die beiden abgerundeten Enden des Knorpels stiessen wieder auf die in der Falte befindliche Zellmasse, waren also jener Falte zugekehrt (Fig. XIII C). Der von der letzteren umschlossene Raum, welcher hinten (dorsal) mit dem Pharynx communicirte, ist der Kehlkopfeingang (C). Dieser Raum erstreckt sich, wie aus der Abbildung (B) zu ersehen, nicht bis zu dem medianen Knorpel, und ist auch auf den späteren Schnitten (C) noch mehr davon getrennt. Junges Bindegewebe trennt hier die Schleimhaut von dem Knorpel. Fernere Schnitte bringen, mit Theilen der Stellknorpel, im Bereiche jenes vorderen Knorpels andere Verhältnisse zum Vorschein. Derselbe ist unter geringerer Krümmung mehr in die Quere gestreckt, und der verschmälerte, aber sagittal bedeutender ausgedehnte Kehlkopfraum reicht näher an den Knorpel heran. Auch aus dem Verhalten zu den Stellknorpeln wie zu ihrer Muskulatur ergiebt sich, dass wir es hier mit dem Thyreoidknorpel zu thun haben.

Es entsteht nun die Frage, wo der Epiglottisknorpel zu finden sei, denn wir haben bis jetzt nur einen mit dem Thyreoid zusammenhängenden Knorpel gesehen, welcher zur Epiglottis Beziehungen aufwies. Die Vergleichung von Quer- und Längsschnitten (Fig. ?, auch älterer Beutceljungen, lehrt jene in die Epiglottisfalte sich erstreckende indifferente Zellmasse als die Anlage des Knorpels der Epiglottis kennen. Obwohl diese Anlage dem Thyreoidrande[1]) unmittelbar aufsitzt, so zeigt sich der Schildknorpel doch auch hier deutlich abgegrenzt und es besteht nichts, was auf die Entstehung des Epiglottisknorpels vom Thyreoid gedeutet werden könnte. Die Knorpelanlage erweist sich auch ohne directe Beziehungen zur Schleimhaut, und aus der Vergleichung mit älteren Zuständen ergiebt

---

[1] Das eigenthümliche Verhalten des Thyreoid bei jenen jungen Thieren verdient besondere Beachtung. Dasselbe zeigt einen medianen Vorsprung vergl. Fig. XIII A B, welcher dicht hinter dem Hyoid liegt, und allmählich in einen riemenförmigen Abschnitt übergeht, auf welchen erst der offener ausgebreitete Theil des Thyreoid folgt. Diese Verhältnisse sind zwar auch noch am ausgebildeten Kehlkopf von Perameles zu erkennen, allein lange nicht in der Prägnanz, in welcher sie hier bestehen. Wie diese auffallenden Befunde zu deuten sind, lasse ich dahingestellt.
Die Lage des Epiglottisknorpels zum Thyreoid ist gleichfalls beachtenswerth. Die Knorpelanlage findet sich an der Stelle des Thyreoidvorsprunges nicht auf resp. vor demselben, sondern hinten (dorsal), in welcher Weise der Epiglottisknorpel später nicht mehr sich trifft, wenn er auch davon noch eine kleine Andeutung bewahrt. In dieser Lage zum medianen Theile des Thyreoid, die also später minder deutlich wird, besteht ein Anklang an die bei Phalangista und bei Nagern etc. getroffenen Befunde, so dass deren Verhalten, wie sehr es auch den ausgebildeten Zuständen der Marsupialier entgegengesetzt sich zeigt, doch an deren embryonale Verhältnisse anknüpft. Seitlich geht dagegen der Epiglottisknorpel auf den freien Thyreoidrand über (vergl. Fig. XIII C). Dieser Zustand bleibt erhalten, während der mediane schon sehr frühzeitig verloren geht.
Da das Thyreoid an seinem Vorderrande beiderseits ziemlich steil nach hinten zu abfällt, erstreckt sich auch der Epiglottisknorpel lateral weiter nach hinten als medial, wodurch vielleicht an primitive Zustände erinnert wird. Jedenfalls kommt auch dieses Verhalten bei Perameles zu Verlust.

sich, dass sie bei fernerer Ansehnung etwas mehr der laryngealen Schleimhautbekleidung der Epiglottis sich nähert, ohne jedoch in sie überzugehen. Die gesammte Zellmasse der Knorpelanlage ist ohne mediane Trennungsspuren. Bei Jungen von 8 cm Länge hat die Sonderung der Anlage mit dem Auftreten von Intercellularsubstanz begonnen, in welcher sich zugleich die Bildung von elastischen Fibrillen bemerkbar macht. Diese Differenzirung des Knorpels zeigt sich in einiger Entfernung von der Verbindung mit dem Thyreoid, so dass dieses für jenen Vorgang nicht in Frage kommt. Er zeigt sich auch in den inneren Schichten früher als in den oberflächlichen. Gegen den freien Rand der Epiglottis geht der Knorpel in das indifferente Gewebe über. Zwischen den medianen und den lateralen Theilen habe ich eine Verschiedenheit der Knorpelsonderung nicht wahrgenommen. Der ganze Vorgang bezeugt die Selbständigkeit der Ausbildung des Knorpels.

Während bei Perameles in der Anlage des Knorpels eine bedeutende Selbständigkeit sich ausdrückt, die auch noch in der Differenzirung der Anlage besteht, stellt sich dem beim Menschen ein anderer Zustand gegenüber, welcher uns den Knorpel schon in der Anlage auf regressivem Wege zeigt. Die Epiglottis selbst erhebt sich bei einem Embryo von 8 cm als abgerundete Schleimhautfalte hinter der Zungenwurzel (s. Fig. 9 Taf. II). In diese Falte, oder vielmehr in den gegen den Larynx absteigenden Theil derselben tritt vom vorderen Rande des Schildknorpels her ein bei schwacher Vergrösserung nur durch dunkle Färbung vom benachbarten hellen Bindegewebe sich abgrenzender Gewebszug ein (Ek). Am Schildknorpel nimmt er nicht nur dessen abgerundeten Rand ein, sondern erstreckt sich auch noch nach innen hin, also an der dorsalen Seite des Thyreoid. Von dieser seiner breiten Ursprungstelle zieht er sich allmählich verdünnend bis in die freie Falte der Epiglottis hinein, wobei er der laryngealen Epiglottisfläche sich nähert. Das Gewebe, die Anlage des Epiglottisknorpels, besteht aus dicht gedrängten, zumeist etwas länglichen Zellen, die in verschiedenen Richtungen angeordnet, wie gegen einander verschränkt erscheinen. Intercellularsubstanz war nur in Spuren in der Basalregion der Anlage zu erkennen.

Abgesehen von manchen primitiven Verhältnissen" der Beziehung zum Thyreoid muss diese Anlage durch den Mangel schärferer Abgrenzung unser Interesse erwecken. Die Zellenmasse verliert sich nach beiden Oberflächen der Anlage hin ohne scharfe Grenze. Einzelne Züge derselben ziehen überall in das benachbarte Bindegewebe. Der Epiglottisknorpel zeigt sich damit an einem Endpunkte der phylogenetischen Reihe angelangt. Die lange gewahrte Selbständigkeit, wie wir sie noch bei den Placentaliern vielfach gesehen haben, geht ihrer Auflösung entgegen. Wir bringen

1 In dem Anschlusse der Knorpelanlage an das Thyreoid zeigt sich vorübergehend auch beim Menschen der bei den Marsupialiern herrschende Befund. Auch in dem dorsalen Uebergreifen der Knorpelanlage liegt etwas auf jenen Beziehbares. Die Lösung dieser Verbindung ist späteren Stadien vorbehalten, wobei dann im Lig. thyreo-epiglotticum sich noch eine Spur des primitiven Zustandes erhält. Mit dem Anschlusse ans Thyreoid ist auch eine grössere Breite der Basis der Knorpelanlage in Zusammenhang, wodurch ebenfalls an niedere Zustände erinnert wird.

Von anderen Verhältnissen des Larynx hebe ich noch die ungleiche Stärke des medianen Theiles des Thyreoid hervor. Ob die vorn wie hinten bestehende Verdickung auf die beiden das Thyreoid aufbauenden Bogentheile zurückzuführen ist, bleibt unentschieden. Auffallend ist die bedeutende Mächtigkeit der Cricoidplatte im Verhältnisse zum vorderen Theile des Cricoid, welcher sonst in niederen Zuständen sich viel voluminöser erweist.

das in Verbindung mit der geänderten Function der Epiglottis, die beim Menschen wie bei der Mehrzahl der Anthropoiden nach Auflösung der Velumplatte in die Bogen ihre Stützbedeutung verloren hat. Aber auch in diesem Zustande der Epiglottis bietet ihr Knorpel seine Genese nicht von der Schleimhaut aus, und lässt die Beziehung zu der letzteren als etwas Secundäres erkennen.

Der Knorpel der Epiglottis ergab sich aus den über seine Textur wie Genese gewonnenen Erfahrungen als ein Skeletgebilde, welches in niederen Abtheilungen eine Stützfunction wichtiger Art erfüllt. Seine primitive, bei Monotremen bestehende Beschaffenheit geht durch elastische Modification verloren, wenn sie auch hie und da selbst bei Placentaliern wiederkehrt. Die damit gewonnene Steigerung der Elasticität, besonders nach dem freien Epiglottisrande, entzieht der Epiglottis noch nicht ihre Stützfunction, zumal die Verbindung mit dem Thyreoid eintritt, macht sie aber geeigneter für den Verkehr mit dem Isthmus pharyngo-nasalis. Erst mit der vollständigeren Lösung aus jenem Zusammenhange geht für die Epiglottis die primitive Function völlig zu Verluste, und dann übernimmt sie die andere, die man, vom Menschen ausgehend, so lange für die einzige gehalten hat.

Wenn dieses Skeletgebilde Spuren primitiver Paarigkeit, die es bei Monotremen besitzt, bei Marsupialiern verlor, wenigstens in den zur Untersuchung gelangten Stadien nicht mehr sicher erkennen liess, während wir ihnen wieder bei manchen Placentaliern (Nagern) begegnen, so ist dieses mit den functionellen Beziehungen der Epiglottis in Zusammenhang zu bringen. Die Epiglottis der Beutelthiere tritt viel frühzeitiger als die der Placentalier in Function, die Sonderung wird daher rascher erfolgen, während eine Verlangsamung derselben bei Placentaliern primitivere Zustände deutlicher zum Ausdruck bringen kann. Durch diese Erwägungen dürfte das paarige Verhalten in höheren Abtheilungen für die Erkenntniss der primitiven Zustände mehr ins Gewicht fallen, als die Befunde bei Marsupialiern.

In den für den Epiglottisknorpel dargestellten Zuständen mag der Mangel einer ihm zukommenden Musculatur auffallend sein. Gerade bei den niederen Formen sind mir Muskeln zur Epiglottis nirgends begegnet. Die Erwägung, dass das Stützgebilde hier durch sein Beharren in einer durch die Verbindung bestimmten Stellung wirksam ist und Bewegungen nicht selbständig, sondern mit jenen des Larynx auszuführen hat, macht jenen Mangel verständlicher. Erst mit dem allmählichen Zurücktreten der alten Bedeutung wird Musculatur aus der Nachbarschaft der Epiglottis zugeführt und damit eröffnet sich der Weg zu einer neuen Verrichtung. Specielleres über die Musculatur siehe vorzüglich bei M. Frankuser, Beitrag zur Kenntniss der Kehlkopfmuskulatur. Jena 1875.

IV. Vergleichung.

Die Untersuchung aller wesentlichen Verhältnisse des Epiglottisknorpels hat denselben als ein selbständiges Skeletgebilde kennen gelehrt, welches, wenn auch später als der Schleimhautüberzug, jedoch nicht aus diesem seine Entstehung nimmt. Durch jenes Verhalten des Knorpels fällt der Schwerpunkt bei der Beurtheilung der Epiglottis selbst nicht auf den Schleimhautüberzug, sondern auf den von ihm überkleideten Knorpel, welcher mit seinem basalen Abschnitte keineswegs in einer Duplicatur der Schleimhaut liegt. Bei allen Säugethieren hat jener Abschnitt des Knorpels nichts anderes mit der Schleimhautfalte zu thun, als dass von ihm eine Fortsetzung in die sich erhebende Schleimhautfalte ausgeht, oder mit anderen Worten: dass er in jene, mit seinem Auswachsen sich erhebende Schleimhautfalte übergeht. Wenn auch die Sonderung des Knorpelgewebes sich erst später geltend macht, so entsteht doch die Anlage desselben schon bald nach Entstehung der Falte.

Nachdem wir die functionellen Verhältnisse der Epiglottis in ihrer Beziehung zum weichen Gaumen, wie zum Kehlkopfe in der Stützbedeutung dargelegt (s. S. 7), tritt der Knorpel noch mehr als der hauptsächlichste Bestandtheil des Organs hervor. Er wird demgemäss auch als der primitivere zu gelten haben, wenn auch die Falte früher sich erhebt. Darum nimmt die Vergleichung der Epiglottis der Säugethiere mit den von mir als »Vorstufen« bezeichneten Einrichtungen eine festere Unterlage. Wie ähnlich manche jener Bildungen, wie sie Howes von anuren Amphibien beschrieb, einer Säugethierepiglottis auch sind, so wird doch das Fehlen des Knorpels jene Vergleichung als eine sehr zweifelhafte gelten lassen, und noch weniger sind die dort angeführten Zustände aus anderen Abtheilungen auf die Epiglottis der Säugethiere zu beziehen. Jene Amphibienbefunde sind aber nicht so ganz zur Seite zu stellen, denn, wenn auch nicht von den Anuren aus, so ist es doch der Amphibienstamm, wo die Geschichte der Epiglottis ihren Anfang genommen haben wird, wie ich weiter unten wahrscheinlich zu machen versuchen werde.

Welches ist nun die Herkunft des Knorpels? Man kann die Behandlung dieser Frage in ontogenetischem Sinne vornehmen, und sich bei den Zellenmassen beruhigen, welche, gewiss mesodermalen Ursprungs, die Anlage des Knorpels vorstellen. Unseren heutigen Ansprüchen an die Forschung dürfte das nicht genügen. Warum sich aus jenen Zellen gerade Knorpel bilde, ist nicht zu begründen, und auch die Vorstellung, dass die für das Organ geforderte Stützfunction ihnen jene Umwandlung bedingt hätte, kann nicht befriedigen, denn sie giebt für das Auftreten der Anlage keine Erklärung. Eine solche findet sich nur dann, wenn auch die Anlage von einem Knorpel abgeleitet werden kann. Die Frage liegt hier genau ebenso, wie bei anderen Skelettheilen. Nachdem einmal der Epiglottisknorpel als Skelettheil erkannt ist, sind, wie bei diesen, die phylogenetischen Gesichtspunkte maassgebend. Wir stellen desshalb die Frage in bestimmterer Form: aus welchem Skeletgebilde wird der Epiglottisknorpel hervorgegangen sein?

Am nächsten scheinen andere Skelettheile des Larynx sich in Betracht zu stellen, das Cricoid und das Thyreoid. Wenn wir uns erinnern, dass bei manchen Reptilien (Schlangen) der Cricoidknorpel in einen Fortsatz ausläuft, der mit seinem Ueberzuge geradezu als Epiglottis bezeichnet wurde, so könnte man darin einen früheren Zustand erblicken, aus welchem der bei den Säugethieren vorhandene durch Ablösung jenes Fortsatzes hervorging. Eine Unterstützung dieser Ableitung könnte aus dem auch bei Monotremen vorhandenen medianen Cricoidvorsprunge entnommen werden. Er leitet geradewegs zum Epiglottisknorpel (vergl. Fig. VIII). Abgesehen von der Bedenklichkeit einer von Reptilien zu Säugethieren geführten Vergleichung bietet der Epiglottisknorpel der Säugethiere in seiner basal angedeuteten Duplicität nicht die Eigenschaft der Ableitbarkeit von einem einfachen Vorsprung eines anderen Knorpels. Wenn der Basaltheil als der älteste zu gelten hat, von dem aus die freie Platte erst secundär entsteht, so wird damit jene Vergleichung von neuem zurückgewiesen.

Wenden wir uns der Beziehung zum Thyreoid zu, so ist die Anfügung des Knorpels an diesen, wie wir allgemein bei Beutelthieren sahen und auch bei Placentaliern verbreitet fanden, ein die Möglichkeit der Abstammung vom Thyreoid begünstigender Umstand. Allein es fehlen alle Thatsachen, welche das Mögliche wahrscheinlich gestalteten. Das Verhalten bei den zweifellos einen primitiveren Zustand der Epiglottis besitzenden Monotremen spricht geradezu gegen jene Vermuthung, dass das Thyreoid den Epiglottisknorpel entsendet hätte. Somit bleibt das Gerüste des Kehlkopfs ausser Frage, und wir befinden uns in dem Falle, nach anderen Skelettheilen uns umzusehen. Damit beginnt eine schwierige Aufgabe, zu deren Lösung noch kein gebahnter Weg führt. Erwägen wir daher zuvörderst die vorhandenen Schwierigkeiten, und suchen dann, wenn auch auf einem Umwege, einen Standpunkt zu erreichen, auf welchem sich wenigstens einige Wahrscheinlichkeit für die Herkunft jenes Gebildes erblicken lässt.

Für das zu suchende Skeletgebilde wird eine wenigstens theilweise Duplicität verlangt. Das Forschen nach einem solchen Skelettheile führt nothwendig zum Skelet des Kiemenapparates und lässt diesen in Prüfung ziehen. Der Standpunkt, von dem aus diese Prüfung zu unternehmen ist, kann entweder der ontogenetische oder der phylogenetische sein. Die Ontogenie hat uns bei Säugethieren bis jetzt nur vier primitive Kiemen- oder Visceralbogen kennen gelehrt, und ebenso die Abkömmlinge der in ihnen entstehenden Skeletbildungen. Wenn aus dem letzten Bogen der Schildknorpel hervorgeht, wie durch His[1]) bekannt wurde, so findet sich kein Bogen mehr vor, aus welchem Skelettheile wie der Epiglottisknorpel hätten entstehen können. Damit scheint die Frage nach der Beziehung jenes Knorpels zum Kiemenskelet abgethan. In der Folgerung des Fehlens des Contentum aus dem Mangel des Continens geht die Hoffnung, den Epiglottisknorpel abzuleiten, zu Grunde.

Unser Verhalten zu jenem Schlusse muss aber ein kritisches sein, insofern zuvor die Richtigkeit der Prämisse zu prüfen ist. Als solche besteht die Annahme, dass phylogenetisch in Kiemen-

---

1) Anatomie menschlicher Embryonen. III. S. 67.

bogen entstandene Skeletbildungen auch ontogenetisch in solchen auftreten müssen, oder dass der Kiemenbogen nicht zu Grunde gehen kann, ohne dass in ihm entstandene Theile gleichfalls verschwinden. Wir nannten diesen Satz eine Annahme, denn er ist nicht bewiesen und wir werden sogleich sehen, dass er irrig ist. Der Nachweis dafür liegt sehr nahe, er findet sich im Thyreoid.

Durch Dubois[1]) ist die Zusammensetzung des Thyreoid aus zwei Bogenpaaren aufgedeckt worden. Sie erhalten sich gesondert bei den Monotremen, und Andeutungen einer primitiven Trennung des gesammten Thyreoid in zwei hintereinander liegende Abschnitte sind auch bei den übrigen Säugethieren nachgewiesen, deren Thyreoid bereits als einheitliches Gebilde erscheint. Durch diesen aus der Vergleichung gewonnenen Nachweis wird der etwaigen Vorstellung einer bezüglich des Thyreoid bestehenden fundamentalen Differenz der Monotremen und der übrigen Säuger begegnet, zugleich auch für die Ontogenie die Nothwendigkeit ihres Zusammengehens mit der vergleichenden Anatomie dargethan. Die Ontogenese zeigt uns in der Entstehung des Thyreoid beim Menschen einen zusammengezogenen Zustand, eine Veränderung, welche zwar schon bei Marsupialiern erworben ward, aber schon deshalb nichts Primitives mehr ist, welches nur die Monotremen noch besitzen. Da der aus dem zweiten Thyreoidbogenpaare entstandene Abschnitt des Thyreoid in Ausbildung fortbesteht, also nicht zu Grunde ging, wie der für ihn vorauszusetzende Kiemenbogen, so liegt in ihm ein Zeugniss für den in der obigen Prämisse enthaltenen Irrthum. Wir werden also nicht ohne weiteres die ontogenetische Entstehung eines Kiemenskelettheiles an die Existenz des betreffenden Kiemenbogens in toto knüpfen dürfen.

Wenn nun hier ein Skelettheil, der phylogenetisch in einem Kiemenbogen entstand, ontogenetisch ohne diesen sich bildete, so ist das mit dem jenen Kiemenbogen betreffenden Verhalten in engem Zusammenhang. Jener Kiemenbogen ist nicht vorhanden, weil er nicht gesondert ist, gemäss der nicht zu Stande gekommenen Entstehung der ihn abgrenzenden Kiemenspalten. Das den Bogen sonst darstellende Material ist aber nicht als gänzlich fehlend zu erachten, und dass in der That solches Material besteht, wird durch die Ausbildung eben des zweiten Thyreoidbogens bekundet. Wir kennen bei Fischen und Amphibien die allgemeine Verbreitung des Skelet-Restes eines letzten Kiemenbogens, welcher keinen wirklichen, selbständigen Bogen darstellt, da hinter ihm keine Kiemenspalte besteht. So ist auch hier bei den Säugethieren in einem nicht mehr zur Ausbildung gelangten Kiemenbogen ein Skelettheil entstanden anzunehmen, welcher an einen anderen sich anschliesst, der in einem gleichfalls nicht völlig frei liegenden, also nicht vollständig gesonderten Kiemenbogen entstand[2].

Nach dem für das Thyreoid Vorgeführten bietet der Mangel ausgebildeter Kiemenbogen keinen zureichenden, oder gar zwingenden Grund gegen die Ableitung eines Skelettheiles aus dem

---

1) l. c.

2) Ob der Anschluss des zweiten Thyreoidbogens an den ersten zu einem einheitlichen Thyreoid aus der Indifferenz der betreffenden Kiemenbogen entsprang, ist für jetzt nicht zu bestimmen. Es können auch andere aus der Function des Thyreoid abzuleitende Momente, deren wir später gedenken, wirksam gewesen sein. Die sehr zu erwünschende Kenntniss der Kiemenbogen bei den Monotremen würde für diese Fragen höchst förderlich sein.

Kiemenskelet. Es walten hier jene cänogenetischen Vorgänge, die in zeitlichen Verschiebungen und Zusammenziehungen bestehen, auf welche die Entwickelungsgeschichte ihr Augenmerk zu richten mit Erfolg begonnen hat[1]. Der Apparat der Kiemenbogen der Säugethiere ist in Vergleichung mit niederen Zuständen (Fischen und Amphibien) ärmer angelegt und auf eine nur kurze Dauer beschränkt. Sowohl in der Zeit als im Umfange der Anlage besteht eine Verkürzung, welche die in niederen Zuständen in hinteren Bogen entstehenden Gebilde nicht mehr in solchen auftreten lässt, ohne sie deshalb zum Verschwinden zu bringen. Die darin erlangte neue functionelle Beziehung — im Gegensatze zur primitiven als Stützorgane der Kiemen — lässt jene Gebilde erst später in Verwendung kommen, und entzieht sie dadurch dem zeitlichen Anschlusse an die Sonderung der in den angelegten Kiemenbogen entstehenden anderen Skeletbildungen[2].

Das Resultat der am Thyreoid angestellten Betrachtung glaube ich auch auf das Skelet der Epiglottis anwenden zu dürfen, indem ich dessen Entstehung aus einem Kiemenskelettheile als ein neues Problem hinstelle, welches Beachtung verdient. Ich erkenne vollkommen die grosse, für die Ableitung sich ergebende Schwierigkeit. Die Sache liegt anders als beim zweiten Thyreoidbogen; denn dieser erhält sich bei den Monotremen viel klarer als Kiemenbogentheil erkennbar, schon durch seinen Anschluss an den ersten Bogen, und dieser selbst lässt wieder durch seine enge Verbindung mit dem Zungenbein den gesammten Hyo-thyreoidcomplex als etwas unzweifelbar Zusammengehöriges erscheinen. Ein solcher directer Anschluss fehlt dem Epiglottisknorpel, denn seine Verbindung mit dem Thyreoid, die ihn von den Beutelthieren an in der Regel vor demselben gelagert zeigt, ist als eine erworbene zu betrachten. Wir leiteten sie oben von der Beziehung der Epiglottis zum weichen Gaumen ab. Halten wir uns daher an den sicher primitiveren Monotremenbefund, so ergiebt sich die Lage zwischen Thyreoid und Cricoid, insofern er vor diesem sich findet, und wenn das Cricoid mit dem ganzen primitiven Larynx, wie wir unten sehen werden, eine Wanderung nach vorn hin ausgeführt hat, so wird vor dieser Lageveränderung jener Knorpel hinter dem Thyreoid (caudalwärts) sich befunden haben müssen.

Wie die Lage auf das Kiemenskelet verweist, so ist auch der ursprüngliche Zustand des Knorpels, die Andeutung seiner Trennung in zwei Hälften, ein unsere Deutung begünstigender Umstand, der durch die Einheitlichkeit des Knorpels gegen den freien Rand zu nicht beeinträchtigt wird. Denn nur die Grundlage des Knorpels, sein basaler Abschnitt, bietet etwas Primitives, aus welchem mit der erlangten Concrescenz die einheitliche, durch neue Beziehungen in den höheren Abtheilungen auch geweblich umgestaltete Platte entstand.

Die Vergleichung des Knorpels, den wir paarig annehmen müssen, führt uns zu niederen Zuständen, in denen noch ein reicherer Kiemenbogenapparat vorhanden ist. Daher ist von den

---

[1] A. Oppel, Vergleichung des Entwickelungsgrades der Organe. Jena 1891.
[2] Die Vergleichung der Kiemenbogen der Amnioten mit jenen der Ichthyopsiden zeigt den gewaltigen Unterschied in der Ausbildung dieser Theile. Die bei den Ichthyopsiden sehr frühzeitig zur Umgestaltung gelangenden Bogen sind bei den Amnioten auf niederster Stufe schon vergänglich und vermindern damit die Ansprüche an die zeitliche Uebereinstimmung der Ausbildung aus ihnen hervorgehender Theile.

Sauropsiden abzusehen, zumal diese bereits in anderen Stücken der Organisation der Säugethiere entfremdet sind. Wenn nun auch die Amphibien, soweit sie uns lebend erhalten sind, nichts weniger denn als Stammformen für die Mammalia gelten dürfen, so ist doch bei ihnen im vollständigeren Kiemenskelete ein Vergleichungsobject vorhanden, welches in ähnlicher Art auch bei jenen uns unbekannten Formen, aus denen die Säugethiere hervorgingen, bestanden haben mag. Diese generelle Bedeutung des Kiemenskeletes von Amphibien dürfen wir aus der in Vergleichung mit jenem der Fische nur wenig veränderten Form erschliessen. So ersetzt es uns den Mangel an paläontologischen Zeugnissen hinsichtlich der Zusammensetzung des Kiemengerüstes an der Grenze der Amphibien und der Amnioten stehender Formen. Wenn wir bei Urodelen, wie z. B. bei Salamandra, noch finden, dass das Verhalten des Kiemengerüstes auf den Hyo-thyreoidapparat der Monotremen selbst in den Einzeltheilen bezogen, d. h. mit ihm verglichen werden kann, so ist die hier gebotene Grundlage nicht ohne Weiteres zurückzuweisen.

Wir finden die beiden ins Hyoid der Säugethiere übergehenden Bogen den Hyoidbogen und den ersten Kiemenbogen mit einer medianen Copula verbunden, welcher eine zweite Copula folgt. Dieser ist der zweite Kiemenbogen (der vierte primitive angefügt, der wie auch bei Siredon nach W. K. Parker[1], noch das Ende der ersten Copula 1. Basibranchiale), erreicht, also eigentlich an der Verbindungsstelle beider Copulae sitzt. Der dritte knorpelige Kiemenbogen verbindet sich aber nur dem vorhergehenden, und ebenso der vierte und letzte. In Vergleichung mit dem Kiemenskelet der meisten Fische besteht hier mit der Minderung der Kiemenbogen ein zusammengezogener Zustand in Bezug auf die Copulae. Die Vergleichung mit den Monotremen lässt bei diesen jene Zusammenziehung noch weiter fortgeschritten erkennen. Der dem zweiten secundären Kiemenbogen homologe erste Thyreoidbogen lehnt sich auch hier an die erste Copula — die Basis des Hyoid —, hinter welchem ein medianer Knorpel, der einer zweiten Copula homolog ist, sich befindet. An diesen Knorpel stösst auch der zweite Thyreoidbogen, und da dieser sowohl als auch der erste Bogen vom medianen Knorpel nicht mehr abgegliedert ist, drückt sich darin ebenso die Zusammenziehung aus, wie in der nicht mehr bestehenden Gliederung des ersten Thyreoidbogens.

Indem die Theile des Kiemenskeletes von Amphibien bis zum 3. Kiemenbogen auf Gebilde des Hyo-thyreoidapparates der Säuger sich beziehen lassen und jener Apparat von ersterem oder einem ihm ähnlich gestalteten durch die Vergleichung ableitbar wird, darf man den 4. Kiemenbogen der Amphibien als einen Vorläufer des Epiglottisknorpels in Anspruch nehmen. Er besitzt die mindest innige Verbindung mit dem Kiemenskelet, da er nur mit seinem vorderen Ende dem 3. Bogen sich verbindet, während dieser noch eine viel breitere Verbindung mit dem vorangehenden bewahrt hat.

Durch die an der Epiglottis dargelegten Verhältnisse, die ihr bereits bei den Monotremen

---

1) Philos. Transact. 1877. Pl. XXV. Fig. 5. Siehe auch E. D. Cope, The Batrachia of North-America. Washington 1889.

zukommende Stützfunction, die Bedeutung einer primitiven Paarigkeit ihres Knorpels, endlich dessen in frühen Zuständen mit anderen Skeletknorpeln übereinstimmende gewebliche Beschaffenheit, begründen jene Annahme, für welche der directe Beweis mit dem gegenwärtig bekannten Material nicht zu erbringen ist. Ob er aus der Untersuchung von Monotremen-Embryonen geliefert werden kann, steht dahin, wenn auch ein Fortschritt in unserer Erkenntniss der Epiglottis durch den Nachweis der völligen Paarigkeit des Knorpels angebahnt werden könnte.

Die Erwägung des ausserordentlich weiten Abstandes, welcher schon die Monotremen von den nächst tiefer stehenden Abtheilungen der Vertebraten der Gegenwart trennt, giebt für die vollständige Lösung des Epiglottisproblems wie sie in dem directen Nachweis des Ueberganges eines knorpeligen Kiemenbogens in die Epiglottis bestände, nur wenig Hoffnung. Da dabei immer nur weiche, höchstens knorpelige Theile in Betracht zu kommen haben, ist auch auf die Palaeontologie keine hohe Erwartung zu setzen. Es bleibt also nur eine wenn auch begründete Hypothese, durch welche man sich von den ersten phylogenetischen Zuständen der Epiglottis eine Vorstellung zu machen sucht. Sie kann nur darin bestehen, dass mit dem Vorrücken des primitiven Larynx auf den zum Thyreoid werdenden Abschnitt des Hyo-thyreoidapparates das fragliche Knorpelpaar vor den Kehlkopfeingang gelangte und hier mit der Entstehung des weichen Gaumens für diesen eine Stütze abgab, die mit der Concrescenz der Knorpel und dem weiteren Verwachsen zu einem einheitlichen Gebilde sich gestaltete.

V. Das Skelet der Luftwege.

Die in der Epiglottis dem Kehlkopfe gewordene Zuthat muss in dem Maasse, als sie nicht spontan entstanden, sondern von einem anderen Apparate ausgegangen betrachtet werden darf, auch die Frage nach der Herkunft der übrigen, den Luftwegen zugetheilten Skeletbildungen in Anregung bringen. Wir gehen deshalb hier auf eine Betrachtung der bezüglichen Verhältnisse ein. Die Ontogenese der Säugethiere hat zwar manche Angaben geboten, welche wenigstens für den Kehlkopf Beziehungen zu dem Kiemenskelet annehmen lassen. Soweit der Schildknorpel daran betheiligt ist, fand das oben Berücksichtigung. Wenn Kölliker[1] äussert, dass das Larynx- und Trachealskelet keine directen Beziehungen zu einem Kiemenbogen besitzt, so ist das insofern richtig, als indirecte nicht damit ausgeschlossen sind.

1. Niederste Zustände.

Zum Lösungsversuche dieses neuen Problems wenden wir uns niederen Zuständen zu, jenen, welche die ältesten Formen luftführender Respirationsorgane besitzen. Wir finden solche bei

[1] Entwickelungsgeschichte des Menschen und der höheren Thiere. Leipzig 1879. S. 568.

Dipnoern und Amphibien. Für die ersteren sind an den Luftwegen keinerlei Stützorgane erkennbar. Verdickungen der Schleimhaut, die man an gewissen Stellen finden kann, bieten nichts auf wirkliche Skelettheile, wie sie uns bei Amphibien begegnen, Beziehbares, so dass wir für diese Abtheilung nur den Mangel eines wirklichen Luftwegskeletes constatiren können.

Ganz anders liegen die Verhältnisse bei den Amphibien. Ein allgemein vorhandenes Laryngealskelet, welches sich noch weiter auf die Luftwege erstreckt, giebt Grund zur Erwartung, dass hier der Ausgangspunkt für die in den höheren Abtheilungen vorhandenen Sonderungen anzutreffen sei. Es fragt sich nun, wo die Untersuchung einzusetzen habe, was mit der Frage der niedersten Zustände zusammenfällt. Vor allem dürften Anuren und Urodelen auseinander zu halten sein, denn wenn auch bei den ersteren die Kürze des unpaaren Abschnittes der Luftwege (Stimmlade Henle's) als ein primitiverer Zustand als bei manchen Urodelen sich darstellt, und durch Götte's für Bombinator gemachten Angaben[1] eine ontogenetische Beziehung zum Kiemenskelet sich herausstellt, so ist doch der anderen Abtheilung, wegen der hier geringeren Complication der Skelettheile, der Vorzug zu geben. Indem wir also von den Anuren absehen, nicht weil sie vom Amphibienstamme seitlich abgezweigte Formen vorstellen, sondern weil sie, wohl als Folge dieser Divergenz, das Skelet ihrer Luftwege bereits sehr differenzirt bieten, bleiben die Gymnophionen und die Urodelen übrig. Da aber bei den Gymnophionen sehr hoch gesonderte Luftwege bestehen, sind wir auf die Urodelen verwiesen. Auch bei diesen sind wir zur Auslese angehalten. Da die Luftwege im Ganzen sich wieder verschieden verhalten, sind auch hier höhere und niedere Zustände unterscheidbar geworden. Bei einem Theile wird nämlich der unpaare Theil der Luftwege — um den es sich hier vorwiegend handeln muss — von einem längeren Rohre hergestellt, wie bei Menopoma, Amphiuma, Siren und Cryptobranchus, indess bei anderen nur ein kürzerer, unpaarer Abschnitt vorhanden ist, wie bei Sirodon, den Salamandrinen und bei Menobranchus und Proteus. Wenn man nun auch geneigt sein mag, die längere Form von der kürzeren abzuleiten, da es doch als sicher gilt, dass der letztere Zustand dem ersteren vorranging, so ist doch die Möglichkeit nicht ausgeschlossen, dass eine Verkürzung auf dem Wege einer Reduction erfolgt sein kann. Ist doch das, was uns von lebenden Amphibienformen bekannt ist, nur ein kleiner Ueberrest eines ursprünglich viel grösseren Stammes. Deshalb möchte ich nicht den Längezustand der Luftwege zum Ausgangspunkte erwählen, sondern ziehe dazu das Verhalten der Skeletgebilde selbst in Betracht.

Ich gehe dabei von Proteus aus, bei welchem jederseits ein einheitliches Knorpelstück vorkommt. Wie dieses entstand, ist unbekannt. Versuchen wir die Genese anderer, ähnlicher Zustände zu ermitteln. Einen solchen Knorpel finde ich auch während des Larvenzustandes von

---

[1] Entwickelungsgeschichte der Unke. Leipzig 1875, S. 704. Götte sagt: »immerhin können die Kehlkopfknorpel von Bombinator schon deshalb von der Seitenplatte abgeleitet werden, weil der ganze Kehlkopf in der aufwärtsgerichteten Gabel der hinteren Zungenbeinhörner ruht, welche mit dem übrigen Kiemenskelet ebenfalls von der Seitenplatte hervorgehen. Wegen dieses übereinstimmenden Ursprungs können wir die Knorpel und Knochen des Kiemen-Zungenbeins und Kehlkopfapparates, sowie weiterhin überhaupt der ganzen Respirationsorgane als homologe Bildungen ansprechen«.

Salamandrinen wieder: bei Salamandra maculosa und Triton. Nehmen wir ersteren in nähere Betrachtung, so ergiebt sich bei den jüngsten, eben geborenen Salamander-Larven eine Knorpelanlage ganz dicht der Schleimhaut des Einganges in die Luftwege angefügt. Sie besitzt eine gleichmässige Dicke und mit dem hinteren Theile eine zur Horizontalebene etwas geneigte Lage, so dass nur der vordere Abschnitt an den spaltförmigen Eingang in die Luftwege die sogenannte Glottis grenzt. In geweblicher Beziehung stellt der Knorpel nicht ganz den Zustand des Vorknorpels vor, indem die Intercellularsubstanz zwar völlig gleichartig ist, aber doch schon eine gewisse Festigkeit besitzt, da sie an Stellen ausgefallener oder retrahirter Knorpelzellen deren Höhlen oder die von jenen eingenommenen Räume ›Knorpelhöhlen‹ in scharfer Begrenzung darstellt. Die Formelemente besitzen nach der Peripherie hin eine etwas längere Form und mit dieser concentrische Anordnung, woraus successive eine Bindegewebsschichte hervorgeht. Diese ist lateral mächtiger als medial, wo der Knorpel an die Schleimhaut grenzt. Man könnte daraus wieder eine Ableitung des Knorpels von der Schleimhaut, oder deren Submucosa folgern, und fände in dem That bestande sogar noch viel mehr Anlass dazu, als bei dem Epiglottisknorpel der Fall war. Wie wenig man jedoch durch die blosse Anlagerung der Schleimhaut eine genetische Beziehung zur letzteren folgern darf, lehren die Knorpel des Kiemenskelets, welche in früheren Stadien in ganz ähnlicher Art unmittelbar an die Auskleidung der Mundhöhle grenzen.

Diese Knorpelbildung erstreckt sich jederseits bis zum Anfang der Lungen. Ich will den Knorpel, Henle folgend, als Cartilago lateralis bezeichnen, indem ich ihn zugleich mit der von demselben Autor von Proteus beschriebenen Einrichtung in Vergleichung ziehe. Bei Proteus besteht gleichfalls jederseits ein einheitlicher Knorpel, welcher auf den Anfang der Lungen verläuft. Sein vorderer Abschnitt ist verbreitert und von einer Oeffnung durchbrochen. Wir können sagen, er sei mehr differenzirt als die übrige, längere Strecke, welche nur einige kurze seitliche Fortsätze darbietet. In der Einheitlichkeit dieser Cartilago lateralis drückt sich derselbe niedere Zustand aus, wie er bei den jungen Salamanderlarven zu beobachten ist.

Bei älteren Larven tritt an Knorpel eine Veränderung ein, indem derselbe seine gleichartige Beschaffenheit verliert, und bei Larven im Beginne der Metamorphose ist ein neuer Zustand zum Vorschein gekommen. Die Cartilago lateralis umfasst jetzt mit rinnenförmiger Höhlung die Seiten der Luftwege, besteht jedoch noch in voller Continuität. Sie besitzt reichere Intercellularsubstanz, aber es sind an ihr mehrere Stellen different geworden. Sie zeichnen sich durch trübe Beschaffenheit der Intercellularsubstanz aus, auch scheinen die Zellen etwas reicher, und häufigere Theilungen darbietend. Solcher Stellen zähle ich fünf. Die vorderste, grösste ist von längsovaler Gestalt, dem unpaaren Anfangstheile der Luftwege vorgelagert. Die vier anderen finden sich an der den paarigen Abschnitt der Luftwege begleitenden Knorpelstrecke. Sie sind von verschiedener Gestalt und Grösse, in dieser Hinsicht auf den einzelnen Schnitten der Serie sehr mannigfaltige Bilder gebend. Sie sind auch nicht völlig von einander getrennt, sondern zeigen Verbindungen untereinander, welche durch Vergleichung der Schnitte leicht zu constatiren sind. Die letzte dieser verdickten

Stellen des Knorpels liegt unmittelbar vor der Erweiterung des Luftweges zur eigentlichen Lunge[1]). Eine Darstellung der Cartilago lateralis dieses Stadiums giebt Fig. 10 Taf. II), in welcher die trüben Knorpelpartien sich isolirt zeigen. Der Knorpel zwischen diesen veränderten Stellen ist völlig hyalin, aber doch von nicht ganz weicher Consistenz, wie aus dem Verhalten der Ränder vom Schnitte getroffener Knorpelhöhlen hervorgeht. Wie er mit dem anderen continuirlich ist, von derselben Perichondriumlage überkleidet, kann aus Fig. 11 (Taf. II ersehen werden, welche die vordere Hälfte der Cartilago lateralis stärker vergrössert wiedergiebt.

Die Gesammterscheinung ist als ein Sonderungsvorgang aufzufassen. Das lehrt die Vergleichung mit dem späteren Zustande. Im ausgebildeten Thiere besteht die Cartilago lateralis aus zwei getrennten Knorpeln, einem kleineren vorderen und einem grösseren hinteren Stück. Das vordere ist das Arytaenoid oder der Stellknorpel, welcher zweifellos aus dem vorderen Abschnitte a der Anlage Fig. 10 u. 11 hervorging. Das hintere bietet eine sehr unregelmässige Oberfläche und hat durch weitere Ausbildung des hinteren Abschnittes der Cartilago lateralis $b, c, d, e,$ Fig. 10, seine Entstehung genommen. Es hat sich also hier von der in der Anlage einheitlichen Cartilago lateralis ein Stück abgegliedert, dasselbe, welches bei Proteus bereits different sich erweist. Das zweite Stück bei Salamandra ist aber nicht ein Accedens zum Arytaenoid, welchem eine separate Entstehung zukäme, sondern ist aus derselben Anlage wie das Arytaenoid hervorgegangen: aus der einheitlichen Cartilago lateralis. In den Andeutungen mehrfacher Sonderung in der Cartilago lateralis Fig. 10, b, c, d, e ist aber eine wichtige Thatsache geborgen. Wir sehen darin die Tendenz zu einer weiteren Differenzirung ausgesprochen und finden somit Verknüpfungen zu complicirteren Befunden. Aber zu allen bietet die Cartilago lateralis den Ausgangspunkt.

2. Differenzirtere Formen.

Nachdem wir bei Salamandra einen Zustand der Cartilago lateralis fanden, welcher ebenso an den noch einfacheren von Proteus anknüpft, wie er bereits auch die Einleitung zu noch weiter schreitenden Sonderungen an sich trägt, so ist es nicht schwer, die Skeletverhältnisse der Luftwege anderer Amphibien daran zu reihen. Die grundlegende Arbeit Henle's[2], hat nicht wenige Formen kennen gelehrt. Allgemein stellt sich der Arytaenoidknorpel als der am vollständigsten differenzirte Abschnitt dar. Die übrige Cartilago lateralis ist bei Siredon noch einheitlich, aber schmal, bei Triton (T. marmoratus und cristatus) »breit und platt«, die Seitenränder mehrmals eingekerbt. Schmaler und länger ist er bei Salamandra maculosa, »mehr rinnenförmig, die Einkerbungen der Seitenränder regelmässiger und tiefer, der weitere Theil in Spitzen verlängert. Die

---

[1] In dem Verhalten der Luftwege, besonders hinsichtlich ihrer relativen Länge, glaube ich einige Verschiedenheiten von dem ausgebildeten Zustande wahrgenommen zu haben, auf welche ich an anderem Orte zurückkommen werde.
[2] Vergleichend-anatomische Beschreibung des Kehlkopfes mit besonderer Berücksichtigung des Kehlkopfes der Reptilien. Leipzig 1839.

Einkerbungen werden zu wirklichen Ausschnitten bei Sal. atra und bei Triton igneus, so dass die Cart. lateralis die Gestalt eines schmalen longitudinalen Knorpelstreifens mit kürzeren oder längeren querlaufenden Aesten erhält. Isolirte quere Knorpelstreifen kommen bei Sal. atra noch am paarigen Theile der Luftwege oder am Anfange der Lunge vor. Abgesehen von dem allgemein bei Salamandrinen selbständig gewordenen Arytaenoid, erhält sich also die Cartilago lateralis grösstentheils noch im Zusammenhange, nur bei Triton igneus ist ein vorderes Stückchen hinter dem Stellknorpel und bei Sal. atra sind einige hintere Stücke frei geworden. Gegen den ersten Zustand, von dem wir ausgingen, hat also ein Sonderungsvorgang Platz gegriffen, dem discrete Knorpeltheile entsprangen. Beruhen diese auch noch in einer Minderzahl, so ist doch nicht daran zu zweifeln, dass sie auf die gleiche Art, wie auch die Stellknorpel, aus der anfangs einheitlichen Cartilago lateralis entstanden. Lehrt doch dieser Knorpel durch die seitlichen Einschnitte, die er trägt, dass er eine Reihe von Folgestücke zu bilden im Begriffe steht. Wenn diese sich auch mit dem Hauptstücke in Continuität erhalten, so spricht sich darin ein bedeutungsvoller Zwischenzustand aus, der für die Gewinnung einer Vorstellung der Abgliederung der Einzelstücke, wie solche bestehen, nicht entschiedener und klarer gedacht werden kann. Ausserordentlich instructiv ist in dieser Hinsicht besonders Salamandra atra, für dessen Verhältnisse ich wieder auf HENLE[1] verweise.

An dem Verhalten der Knorpeltheile der Luftwege ist die Ausdehnung derselben besonders zu beachten. Die Cart. lateralis findet sich mit ihren Derivaten nicht blos am Eingange in jene Wege vor, sondern diese Knorpelgebilde erstrecken sich sogar bis zum Beginne der Lungen, bei Sal. atra auch noch dahin fortgesetzt, wie ja auch bei Proteus die ungegliederte Cart. lateralis diese Ausdehnung besass. Der gesammte zu den Lungen leitende Weg ist mit Stützorganen versorgt. Wenn sie noch nicht voluminös und auch noch nicht aus völlig discreten Theilen dargestellt sind, so entspricht das eben dem niederen, vom Ausgangspunkte nicht weit entfernten Zustande.

Bei längerer Ausdehnung des unpaaren Abschnittes der Luftwege, also am laryngo-trachealen Theile, sind die Knorpelstützen diesem Zustande angepasst. Die Seitenknorpel, an ihrem Vorderende die Stellknorpel tragend, sind bei Amphiuma länger und schmäler, gehen aber wie auch bei Menopoma gleichfalls auf die Bronchen darstellenden Anfangsstrecken der Lungen über. Bei Amphiuma bietet der Rand Einkerbungen, also dazwischen Vorsprünge, an welchen »sich die Tendenz zur Bildung von Ringen nicht verkennen lässt«. Noch deutlicher ist das bei Menopoma ausgesprochen, und die Vergleichung der hinteren Fläche mit der vorderen ergiebt »ein vollkommenes Bild der allmählich fortschreitenden Entwickelung der Cartilago lateralis zu Trachealringen«. Die also in den queren Vorsprüngen und Fortsätzen der Seitenknorpel bestehende Andeutung einer ferneren Sonderung ist bei Siren in den Vollzug übergegangen, indem hier an der Stelle des Seitenknorpels eine Reihe discreter Knorpelstücke vorkommt, die mehr oder minder

---

[1] Op. cit. Taf. I. Fig. 15.

in die Quere entfaltet sind. So ist hier der Seitenknorpel zur völligen Auflösung gelangt, welche wir als einen secundären Zustand, als einen Endpunkt zu betrachten haben, nachdem derselbe Zustand als ein einheitlicher Knorpel sich gezeigt hat, wie er bei Proteus erhalten bleibt. Diese in mannigfachen Stadien in der Vorbereitung sich zeigende Differenzirung leiten wir von der Längsentfaltung des laryngo-trachealen Abschnittes der Luftwege ab.

Die Cartilago lateralis zeigt sich auch noch bei den Reptilien, vorzüglich bei Schlangen, im lateralen Zusammenhange der sonst gesonderten knorpeligen Trachealringe (Hydrophis, Psammophis u. a.), und auch unter den Sauriern besitzen noch Manche hierher zu zählende Einrichtungen, worüber ich auf Henle's Abhandlung verweisen kann[1]. Wir erkennen in diesen Befunden einen von den Amphibien abzuleitenden Zustand, der erst in weiterer Entfernung von seinem Ausgangspunkte zum Verschwinden kommt.

Wie die Abgliederung des Stellknorpels von der Cartilago lateralis den vordersten Theil derselben als den die Sonderung beginnenden darstellt — ableitbar von der hier wirksam werdenden Musculatur am Luftweg-Eingang, — so zeigt auch die unmittelbar folgende Strecke jenes Knorpels phylogenetisch sehr frühzeitig Differenzirungen, aber in anderem Sinne. Durch quere Verbindungen der Seitenknorpel untereinander empfängt jene Strecke bei Menopoma an der hinteren Seite eine festere Stütze, auf welcher zugleich die Stellknorpel ruhen. Aus einer ähnlichen Concrescenz lateraler Knorpel wird auch der die Stellknorpel bei Anuren (Fröschen) tragende, eigenthümlich gestaltete Knorpelring sich herleiten, der eine Reduction des sonst um vieles mehr in die Länge entfalteten Skelets der Luftwege vorstellt.

Diese Herstellung eines einheitlichen, die Stellknorpel tragenden Stückes unter mehr oder minder vollständiger Auflösung des Seitenknorpels in mit den anderseitigen zu Halbringen oder Ringen verbundene Abschnitte führt allmählich zur schärferen Ausbildung eines vordersten ringförmigen Stückes, des Cricoid. Bei den Reptilien ergeben sich in dem Grade dieser Sonderung ausserordentlich mannigfaltige Zustände. Bald sind mehr, bald weniger Ringe untereinander in Concrescenz, durch particlle Querspalten die Zusammensetzung andeutend, und auch unter den Säugethieren ist diese phylogenetische Entstehung des Cricoid aus einzelnen, oftmals hinten noch offenen Ringen noch erkennbar.

Wir fassen diese Erscheinungen dahin zusammen, dass wir das Cricoid aus dem Skelete des vordersten Luftröhrenabschnitts entstehend betrachten, wofür zahlreiche thatsächliche Belege bestehen. Nach Maassgabe der Sonderung des Cricoid zerlegt sich der unpaare Luftweg in zwei Strecken. Der vorderste bildet den primitiven Kehlkopf, welchem die Stellknorpel und das Cricoid zugetheilt sind. Der hintere, von verschiedenartig sich verhaltenden Knorpelringen gestützte ist die Trachea. Alle diese Skeletgebilde führen uns bei Verfolgung des Weges ihrer

---

[1] Bei den genannten Schlangen blieben auch die Stellknorpel noch unabgegliedert in Continuität mit dem die Trachealringe verbindenden Seitenknorpel. Es ist darin das Bestehenbleiben eines niederen Zustandes zu erkennen, der wohl von der ontogenetischen Anlage des Luftwegskeletes her sich erhalten hat.

allmählichen Sonderung auf die Cartilago lateralis der Amphibien zurück. Auf dem Gange dieser Veränderungen wird keine Lücke bemerkbar, welche daran einen Zweifel erregen könnte, dass eine continuirliche Reihe vorliegt¹).

Wenn in den höheren Abtheilungen der Sauropsiden wie auch bei den Mammalien die Ableitung dieser verschiedenen, auf die Luftwege vertheilten Knorpelgebilde ontogenetisch nicht mehr von einem einfacheren Zustande, wie er in der Cartilago lateralis gegeben ist, ausgeführt werden kann, so folgt daraus keineswegs, dass sie auch phylogenetisch nicht aus einem solchen hervorgingen. Es geht daraus nur hervor, dass Phylogenese und Ontogenese sich auch hier nicht vollständig decken, insofern die bei den Amphibien noch deutlich aus einem einheitlichen Stücke sich sondernden Knorpel den gesonderten Zustand als einen vom primitiven her erworbenen bereits bei ihrem Auftreten zeigen. Der Erwerb ist damit in den vollständigen Besitz übergegangen, der seine Herkunft von vorausgegangenen Zuständen nicht mehr in derselben Generation erkennen lässt. Angesichts der zahllosen etmogenetischen Befunde, wie sie an allen Organsystemen vorliegen, kann der hier in Rede stehende Vorgang nichts Befremdendes darbieten. Er ist nicht mehr auffallend, als dass z. B. bei der ersten Entstehung der Malpighischen Körper der Vorniere eine Cölom-Abschnürung in Verwendung kommt, die bei den späteren Nierenbildungen (Meso- und Metanephros) nicht mehr in der einfachen Weise sich darstellt. Und wenn der Müller'sche Gang phylogenetisch als Abspaltung vom Urnierengange ausging, während die Ontogenese ihn in den höheren Abtheilungen nicht mehr in diesen Beziehungen wahrnehmen lässt, ist er deshalb nicht im Grunde doch dasselbe mit dem anderen homologe Organ?

---

[1] Diese Darstellung des Sonderungsvorganges am Skelete der Luftwege der Amphibien habe ich, im Wesentlichen auf HENLE's Untersuchungen gestützt, in meinen Grundzügen der vergleichenden Anatomie, 2. Aufl. 1870, auch in den beiden Auflagen des »Grundrisses« ausgeführt. Eine ganz andere Auffassung giebt WIEDERSHEIM (Lehrb. der vergl. Anat. d. Wirbelth. 2. Aufl.). Er stellt die Arytaenoidknorpel als die ursprünglichen auf, die nicht erst »abgegliedert« seien, während die zu einem »Knorpelbande« vereinigten folgenden Stücke (z. B. bei Salamandrinen) den »zu einem Stücke zusammengeflossenen Trachealknorpeln« der Derotremen und von Siren entsprechen. Es heisst dort: »Somit handelt es sich nicht erst bei höheren Urodelen um eine »Abgliederung« jener den Luftröhreneingang begrenzenden Knorpel, sondern letztere sind die phyletisch ältesten Knorpelgebilde des ganzen Canalsystems, an welche sich caudalwärts die eigentlichen Tracheal- beziehungsweise der Ringknorpel erst secundär anschliesst« (WIEDERSHEIM).

Die Verschiedenheit unserer Auffassung ist eine fundamentale. WIEDERSHEIM lässt getrennte Theile sich zusammenfügen, während ich dieselben als Producte eines ursprünglich einheitlichen Zustandes beurtheile, der in der Cartilago lateralis besteht. Wie er diesen Knorpel von Proteus aufgefasst hat, ist mir nicht recht klar, da er ihn mit dem von Menobranchus dargestellten Knorpel vergleicht, welcher dem Vorraume der Lunge anliege, während doch der Knorpel von Proteus keineswegs nur einem »Vorraum der Lunge« anlagert, sondern sich erheblich weit auf bereits paarige Räume erstreckt, mag man diese nun als Anfänge der Lungen oder als blosse Luftwege ansehen. Er hat genau die Längsausdehnung wie die Cartilago lateralis bei älteren Salamanderlarven, die wieder die Längsausdehnung des gesammten jederseitigen Luftwegskeletes der erwachsenen Salamander besitzt. Da also bei Proteus kein Raum vorhanden ist, wo dem Knorpel noch ein Zuwachs werden könnte, so müsste denn an der Lunge selbst sein, repräsentirt er nicht einen phyletisch ältesten Knorpel, der dem von HENLE richtig als Arytaenoid gedeuteten Stücke beim Salamander entspräche, sondern er entspricht vielmehr dem ganzen Complexe, der aus der Cartilago lateralis hervorgeht, ist also dem Complexe homolog zu erachten. Dass die von WIEDERSHEIM in Abrede gestellte Abgliederung eines ersten Knorpels in der That besteht, habe ich oben dargethan, und dass dieser Knorpel, wenn er auch eine andere Ausdehnung am Eingange in den Larynx besitzt, als später, der Arytaenoidknorpel ist, ist schon bei den Amphibien leicht zu beweisen.

Ob das zum Aufbaue der über die Luftwege vertheilten Knorpel dienende Material von einer der Cartilago lateralis entsprechenden Oertlichkeit ausgeht und sich mit der Sonderung der Luftwege auf diese vertheilt, um dann die Knorpelanlagen herzustellen, ist nicht nachgewiesen. Es steht auch in Frage, ob dieser Nachweis direct geliefert werden kann. Aber die Annahme, dass eben mit der Sonderung der Luftwege von einer bestimmten Stelle aus, auch von daher das Gewebsmaterial ihnen zukommt, welches deren Skelettheile bildet, wer vermöchte diese in Abrede zu stellen?

Ist doch der gesammte respiratorische Apparat (Luftwege und Lungen) selbst bei der complicirtesten Beschaffenheit seiner Theile, nur aus jenem Baumateriale hergestellt, welches er bei seinem ersten Aufbaue bezog. Es liegt also in jener Vorstellung eines Ueberganges indifferenten Skeletmateriales auf die aus der Sonderung hervorgegangenen Abschnitte keine dem Bildungsgange des Gesammtapparates zuwiderlaufende Vorstellung. Sie stimmt vielmehr mit jenem vollkommen überein und hat damit Anspruch auf Berechtigung.

Unter die gleichen Gesichtspunkte der genetischen Beurtheilung fallen also auch die den Fortsetzungen der Luftwege in die Lungen zugetheilten Knorpel. Bei den Amphibien kommen mit der grösseren Indifferenz der Lungen nur bis zu diesen oder höchstens noch auf dem Anfang der Lungen Knorpeltheile vor[1]. Auch bei vielen Reptilien ist dies noch der Fall. Bei Crocodilen kann man an dem in die Lunge getretenen Bronchus noch einige bereits innerhalb der Lunge befindliche Knorpel erkennen. Eine viel grössere Zahl zeigt der in der Lunge der Vögel verlaufende Stammbronchus. Derselbe ist in der Schildkrötenlunge auf seiner ganzen Länge mit Knorpelstücken besetzt, die in distaler Richtung an Umfang verlieren. Sie zeigen in verschiedenen Gattungen mannigfache Zustände sowohl im Umfang als in der Disposition, so dass niedere und höhere, verschieden differenzirte Verhältnisse sich an ihnen ergeben. An solche Einrichtungen reihen sich die von Säugethieren, bei denen auch in der Wand der Seitenbronchien und deren Verzweigungen eine Ausbildung von Knorpeltheilen stattgefunden hat.

Es stellt sich somit von den Amphibien zu den Säugethieren eine ununterbrochene Reihe dar, in welcher Knorpeltheile die Luftwege auch in die Lungen begleiten. Diese Knorpeltheile

---

1. Von den im Ganzen einfachen Verhältnissen der Structur der Luftwege und der Lungen bei den Amphibien macht bekanntlich Pipa eine bemerkenswerthe Ausnahme. An den unpaaren Anfangstheil, den HENLE als Stimmlade sorgfältig beschrieben, schliessen sich zwei, nach den Geschlechtern durch Länge verschiedene Bronchi an, welche Knorpelringe als Stützen besitzen. Die Skeletgebilde setzen sich aber noch mit Modificationen ins Innere der Lungen fort. Von deren von allen übrigen Amphibien abweichender, weil viel höher differenzirter Structur sei hier nur hervorgehoben, dass an den Luftwegen und deren Verzweigungen innerhalb der Lungen Knorpeltheile verbreitet sind. Sie entsenden fast allenthalben kleine ins Lumen der Luftwege deutlich vorragende, meist knopf- oder stäbchenförmige Fortsätze, die nur von einer dünnen Schleimhautschichte überkleidet sind. Die mikroskopische Untersuchung lässt an dieser Beschaffenheit jener Fortsätze keinen Zweifel bestehen. Von BATTER (Obs. anat. circa fabr. Ranae pipae. Diss. Berol. 1811) sind diese Gebilde erkannt worden. Er sagt »septula ipsa ciliata, sive processibus brevissimis et tenuissimis, duriusculis tamen, undique multa.« Dann: »Pulmones itaque Ranae pipae sacros debiles et tenues non referant, neque perforati horum modo collabuntur.«

Es erstreckt sich hier der Stützapparat durch die Lunge und zeigt eine Weiterbildung, wie sie erst bei den Reptilien von den Schildkröten erreicht wird. Auch BATTER verweist auf diese Aehnlichkeit.

schliessen sich so unmittelbar an jene der ausserhalb der Lungen befindlichen Luftwege an, dass sie mit diesen auch genetisch zusammengehörig zu betrachten sind. Wir erblicken also in der bezeichneten Reihe einen allmählichen Fortschritt der Knorpelentfaltung, die von der Cartilago lateralis ihren Anfang nahm.

3. Die Herkunft der Cartilago lateralis.

Die grosse Bedeutung, welche dem bei Proteus noch einheitlich den gesammten Luftwegen als Skelet dienenden Knorpelstücke zukommt, ist aus der Betrachtung der Sonderungen hervorgegangen, auf die wir vorhin das Augenmerk gerichtet hatten. Das Vorkommen eines solchen Knorpelstückes als Ausgangspunkt von Sonderungen bei Salamandrinen hat uns den Weg gezeigt, auf welchem zu einem Verständniss auch der weiter entfernt liegenden Skeleteinrichtungen zu gelangen war. So wird denn auch die Frage von der Ableitung der Cartilago lateralis zu einer bedeutungsvollen und bietet sich zur näheren Prüfung dar.

Aus dem Verhalten jenes Knorpels für sich ergiebt sich nichts, was zur Lösung jener Frage führen könnte, und auch die von mir an ihm bei Salamandra nachgewiesenen Veränderungen können nicht in jener Richtung dienstbar werden, da doch nicht die secundären Zustände die Erkennung der primären befördern. So sind denn auch hier die Beziehungen des Knorpels zu seiner Umgebung in Betracht zu ziehen. Eine von Henle[1]) als Dilatator aditus laryngis aufgeführte platte Muskelschichte leitet uns bei Siredon zum letzten (4.) Kiemenbogen, an dessen medialen Rand sie befestigt ist. Der Muskel breitet sich von dort her median gerichtet aus und nimmt seinen Ansatz grösstentheils an der Cartilago lateralis, während seine vordersten Partien, vor jenem Knorpel, mit dem gleichnamigen Muskel der anderen Seite in einer Art Linea alba sich verbinden. Ein Theil des Muskels nimmt jedoch seinen Ursprung höher oben gegen die Wirbelsäule zu, indem er nach innen von den Kiemenbogen der Pharynxwand angelagert emporzieht. J. G. Fischer[2]) hat die beiden Portionen dieses Muskels als Hyo-trachealis und Dorso-trachealis unterschieden. Der erstere hat da, wo der dritte Kiemenbogen der letzte ist (Proteus, Menobranchus), an diesem seine Befestigung, und der Dorso-trachealis stellt sich dabei mehr als eine secundär zu dorsalem Ursprung gelangte Portion dar, wie denn bei Salamandra dem gesammten Muskel eine dorsale Ursprungsbefestigung zukommt. Eine gute Uebersicht über die Verhältnisse der Muskulatur ist bei Dugès[3]), zu finden. Von diesen Verhältnissen ist nur der Verlauf eines Muskels von der Cartilago lateralis oder ihren Derivaten zum jeweils letzten Kiemenbogen von besonderem Interesse, denn dieser Muskel ist bei Perennibranchiaten in sehr constantem Vorkommen. Von Siren hat ihn Wiedersheim[4]), dargestellt.

---

1. Kehlkopf, S. 22, Taf. I, Fig. 3. 1.
2. Anatom. Abhandlungen über die Perennibranchiaten und Derotremen. Hamburg 1864. 1. S. 55.
3) l. c.
4. Lehrb. d. vergl. Anat. 2. Aufl. S. 623, Fig. 454 e.

Wenn man die Cartilago lateralis als eine in loco aufgetretene Knorpelbildung betrachten will und damit auf jede Vergleichung, aber auch auf die Forschung verzichtet, so ist jene Muskelverbindung eine sehr gleichgültige Thatsache. Sie ist da, wie der Knorpel da ist, und kann diesen oder jenen Namen führen; findet man jedoch in der blossen Existenz des Knorpels nicht das Endziel der Forschung, sondern sucht für den Knorpel eine seine Existenz aufhellende Ableitung, so kann jene Muskulatur nicht unbeachtet bleiben. Sie zeigt uns Beziehungen des Knorpels zum Kiemenskelet.

Wir werden dadurch veranlasst, jenen Knorpel auf die Frage zu prüfen, ob er nicht dem Kiemenskelete selbst ursprünglich angehört habe, aus dem engeren Verbande mit demselben ausgetreten sei. Für die Discussion dieser Frage wenden wir uns wieder dem erwähnten Muskel zu, indem wir an dem Bogenapparate jenes Skeletes eine ähnliche Muskulatur aufsuchen. Dabei kommen die Adductores arcuum und die Constrictores in Betracht. Die ersteren ergeben sich als Abzweigungen des Sterno-hyoideus, gehören somit (auch durch die Innervation) einem andern Gebiete an (Rectussystem). Dagegen entsprechen die Constrictores arcuum besser unseren Ansprüchen. Diese Muskulatur zeigt sich in sehr verschiedener Ausbildung. Es sind theils Bogen überspringende Muskeln, die bei Siredon und Salamanderlarven vom letzten Kiemenbogen aus nach den vorhergehenden sich vertheilen, theils Muskeln zwischen den einzelnen Bogen (Interbranchiales, Drüss), welche ebenfalls verbreitet vorkommen; siehe hierüber J. G. Fischer[1]). Mit dieser Muskulatur ist der Hyo-trachealis zusammenzustellen. Wie die Cartilago lateralis in ihrem indifferenten Zustande nichts an sich darbietet, was der Vorstellung eines nur später auftretenden Kiemenbogenrestes widerspräche, so tritt sie durch jene Muskulatur noch näher an das Kiemenskelet, wo man einen fünften Kiemenbogen oder einen siebenten primitiven Visceralbogen suchen würde.

Aber die Amphibien besitzen bekanntlich nur vier Kiemenbogen, wie kann man noch ein Knorpelstück von einem fünften ableiten wollen, der gar nicht existirt? Nehmen wir es recht genau, so können wir doch nur von drei Kiemenbogen sprechen, denn nur so viel sind wirkliche Kiemenbogen, und in Bezug auf die Ausbildung ist der vierte eigentlich nur ein Rudiment, und der dritte ist wenig mehr, da er nur aus einem einzigen Stücke besteht und nicht einmal an eine Copula sich ansetzt. Es besteht also eine caudalwärts zunehmende Reduction. Das Rudiment des vierten Bogens verhält sich nicht anders zum vorhergehenden, wie die Cartilago lateralis zu jenem vierten Bogenreste, d. h. die Reduction ist an jenem Knorpel in demselben Grade weitergegangen, wie sie schon an den vorhergehenden sich gezeigt hatte. Es hat sich an jenem problematischen fünften Bogenreste, wie er in der Cartilago lateralis uns entgegentritt, nichts anderes ereignet, als dass er, in seinem früheren Zustande betrachtet, sein Volum minderte und seinen directen Zusammenhang mit dem vorhergehenden verlor. Beide Dinge sind nichts Neues, nichts Fremdartiges am Kiemenskelete. Die Volumverminderung waltet ebenso an den bisher als Kiemenbogen anerkannten Theilen. Ist sie nicht vom ersten bis zum vierten Kiemenbogen in

---

1 op. cit. S. 73.

successivem Fortschritte begriffen? (Vergl. Fig. XIV.) Eine solche Minderung des Umfanges führt uns den fünften Bogen vor. Aber die Verbindung? Alle legitimen Kiemenbogen zeigen sich unter einander in Verbindung. Da diese dem angenommenen fünften abgeht, ist es um dessen Bedeutung eine bedenkliche Sache! Wir werden sowohl in Würdigung dieser Bedenken, als auch in Anbetracht der Bedeutung der ganzen Frage, auch die verlorene Verbindung ins Auge zu fassen haben. Die Bestimmung der Grösse jenes Verlustes und damit auch des Gewichtes jenes Einwandes giebt uns die Vergleichung zur Hand. Durch diese erkennen wir wieder einen successiven Fortschritt in der Minderung des Zusammenhanges der legitimen Bogen. Der erste und zweite, beide noch zweigliedrig, sitzen den Copulae an. Der dritte hat bereits diesen Zusammenhang verloren und wird nur noch vom vorhergehenden getragen, mit noch breiter Verbindungsfläche ihm angefügt. Aber der vierte zeigt auch diese Verbindungsstelle mit dem dritten oft in reducirterer Form[1]). Wenn noch ein Bogen folgen soll, so kann dieser im Verfolg desselben Fortschrittes der Verringerung des Zusammenhanges, wie ihn Bogen 1—4 ausdrücken, nur gelöst sich darstellen.

Fig. XIV. Unterkiefer u. Kiemenbogenapparat von Triton. 1 Unterkiefer m., 2 Zungenbein b., 3, 4, 5, 6 Kiemenbogen, 7 Cartilago lateralis.

Wir sind durch die Betrachtung des ganzen Kiemenskeletes auf die gelöste Verbindung vorbereitet, sie bildet den Endpunkt einer Erscheinung die in der Folgereihe der Bogen deutlich ausgedrückt ist. Im Bereiche des Kiemenskeletes der Urodelen sind solche Lösungen verbundener und zusammengehöriger Theile nichts Unerhörtes. Sie sind längst bekannt am Zungenbeinbogen der Salamandrinen, auch am zweiten Copulastücke 'Basibranchiale' derselben, indem dessen Ende unter Schwinden der Verbindung als ein scheinbar selbstständiger Skelettheil — das sogenannte Os thyreoideum — sich forterhält. Es ist also nur das spätere Auftreten jenes Knorpels, worin die Differenz besteht, und diese zeitliche Verschiebung ist nach dem S. 51 Dargelegten zu beurtheilen.

Die Beziehung der Cartilago lateralis auf einen Kiemenbogen erfordert zur vollständigen Klärung der Frage noch den Nachweis eines vollkommeneren Zustandes, aus welchem das Rudiment entsprang. Die Amphibien haben nur den rudimentären Zustand überkommen, wie ja schon ihr vierter Kiemenbogen selbst in der Anlage rudimentär ist. Dagegen treffen wir den vermissten Bogen bei den Fischen an. Bei den Notidaniden liegt er noch in der Reihe der übrigen, an Zahl vermehrten Bogen. Zwei folgen ihm noch bei Heptanchus, einer bei Hexanchus. Als letzter Kiemenbogen tritt er bei den übrigen Selachiern auf, und dadurch schon mit Zeichen der Reduction behaftet, wie er denn bei diesen auch keine Kieme mehr trägt. Er ist aber noch zweigliedrig, und bei vielen Haien und bei den Rochen tritt das dorsale Gliedstück mit dem des vorhergehenden Bogens in Vereinigung. Unter den Ganoiden kommt der eingliedrige Zustand

---

[1] Während bei Triton (siehe Fig. XIV) die Verbindung noch jener der vorhergehenden ähnlich sich darstellt, ist sie bei Larven anderer Urodelen nur auf eine minimale Stelle beschränkt.

den Stören zu. Bei Polypterus soll der ganze fünfte Bogen fehlen[1], während der vierte Bogen nur aus einem Glied besteht. Die Reduction auf ein einziges Glied ist bei den Teleostiern allgemein, bei denen nur noch selten ein zweites Glied mit vorkommt[2]. Es wird also hier der fünfte Bogen jederseits durch ein Skeletstück vorgestellt, welches der Kiemenbogennatur so sehr entfremdet ist, dass die Bezeichnung »Os pharyngeum inferius« geziemender befunden wurde. Seine Verbindung mit dem Kiemenskelete geschieht zumeist nur durch Bandmasse, und ist in der Regel so locker, dass der Knochen aus der Verbindung gelöst betrachtet werden darf. Auch sonst ergeben sich an diesem Skeletbestandtheil manche bedeutende Modificationen, von welchen die Nahtverbindung mit dem anderseitigen (Chromiden) und die aus einem gleichen Zustande entsprungene völlige Concrescenz (Labroiden, Scomberesociden) die bekanntesten sind. Diese Zustände werden noch mannigfaltiger durch die Beziehung zu Zähnen (z. B. bei Cyprinoiden), und so ergiebt sich denn dieses fünfte Bogenrudiment[3], als eine in mancherlei Anpassungen übergehende Bildung. Der Blick auf die bei den Fischen an diesem Skelettheil bestehenden Zustände erkennt die Vorbereitungen zu dem Verhalten bei Amphibien. Der bei manchen noch eine Kieme tragende Bogen verliert diese Bedeutung und gelangt durch Reduction auf die gleiche Stufe, auf der er bei Amphibien erscheint. Während er aber dort ossificirt, erhält er sich hier, dem übrigen Kiemenskelete gemäss, knorpelig, und dadurch bewahrt er die Befähigung zu Differenzirungen, wie sie an knöchernen Gebilden nicht Platz zu greifen pflegen. Er sondert sich in jene Theile, welche das Skelet der Luftwege bilden. Diese Sonderung des Knorpels knüpft an die Anlagen der Luftathmungsorgane an. Indem diese zwischen den beiderseitigen Knorpeln beginnen, also von dieser Stelle ihre erste Entstehung nehmen, wird dem Knorpel eine neue Aufgabe, in welcher er von nun an sich umgestaltend, nur in Theilstücken fortbestehen bleibt.

VI. Reflexion.

Aus den in vorstehenden Darlegungen enthaltenen Thatsachen und deren Verknüpfung ergiebt sich für den Kehlkopf der Wirbelthiere ein bestimmtes phylogenetisches Bild. Bei den Amphibien geht der Larynx aus einer Sonderung des Luftwegeskeletes hervor, welches zum grössten Theile indifferent bleibt, indem es als ersten gesonderten Knorpel nur den paarigen

---

1) Der Mangel eines selbstständigen fünften Bogens leitet sich bei Polypterus wahrscheinlich von einer Concrescenz mit dem vierten ab, dessen Relief sehr auffallend auf einen solchen Vorgang hinweist. Ontogenetisch bleibt dieses noch zu bestätigen.
2) Bei Clupeiden. S. meine Bemerkung im Morphol. Jahrb. Bd. IV. Supplement. S. 21.
3) Die Vergleichung des fünften Kiemenbogenrudimentes mit der Cartilago lateralis der Amphibien lässt auch das Fehlen jener Knorpelstütze bei den Dipnoern verstehen. Hier findet sich kein Skelet der Luftwege, da der bei den Amphibien dazu verwandte Kiemenbogen noch fortbesteht und die Verbindung der Luftwege mit der Mundhöhle an einer etwas anderen Oertlichkeit gegeben ist.

Arytaenoidknorpel auftreten lässt". Die diesen tragenden Skelettheile sind noch nicht besonders differenzirt, mit dem übrigen Trachealskelete in mehr oder minder continuirlicher Verbindung.

Ein Fortschritt macht sich bei den Sauropsiden geltend, indem das Tragestück der Stellknorpel als Cricoid aus einer Anzahl der ersten Trachealringe hervorgeht. Es sind aber nicht sowohl ursprünglich discrete Ringe, aus denen das Cricoid entsteht, sondern unvollständig gesonderte Ringe, denn die Sonderung stellt einen späteren Zustand vor. So ist jetzt das Larynxskelet aus Cricoid und Stellknorpeln zusammengesetzt, und diese Theile bestehen auch bei den Säugethieren fort mit einigen kleineren Knorpeln von geringerer Bedeutung. Aber der Kehlkopf der Säugethiere empfängt noch neue Zuthaten bedeutender Art, und wird dadurch zu einem zusammengesetzteren Gebilde, welches demgemäss eine viel höhere Stufe einnimmt.

Bevor wir uns dieser zuwenden, ist ein Vorgang am Larynx der Sauropsiden näher ins Auge zu fassen. Er zeigt sich in einer Verschiebung, insofern der Kehlkopf auf dem Zungenbein lagert. Bei den Amphibien kommt es zwar nicht zu derselben Lage, und der Larynx nimmt hinter dem Zungenbein, mit diesem in Zusammenhang stehend, seinen späteren Platz ein. Eine Vorwärtsbewegung des Larynx ist aber dennoch vorhanden. Sie ist bei Salamandra leicht zu constatiren, wenn man auf Schnittserien die Lagebeziehungen der Theile vergleicht. So trifft man denn den Larynx schon bei Exemplaren, die sich in der Verwandlung befinden, etwas weiter vorne als kurz nach der Geburt, und bei erwachsenen Thieren ist die Lageveränderung eclatant geworden. Sie ist an die Reduction des Kiemenskeletes geknüpft. Mit ihr wird eine Näherung des Kehlkopfes an den nasalen Luftweg erreicht, der Mechanismus der Athmung begünstigt. Ob bei den Sauropsiden der Prozess der Verlagerung des Kehlkopfes auch ontogenetisch sich darstellt, ist nicht bekannt. Jedenfalls erscheint dieser Prozess zum Vollzug gelangt, denn die Lage auf dem Hyoid ist keine primitive. Aus ihr ergeben sich wieder innige Beziehungen zwischen den aus dem Kiemenskelet entstandenen Theilen.

Ein mit dem bei den Sauropsiden ähnliches Verhältniss bietet auch der Larynx der Säugethiere dar. Derselbe — in seinem primitiven Verhalten aufgefasst — gelangt ebenfalls auf einen mit dem Zungenbein der Sauropsiden vergleichbaren Apparat, der aus dem Kiemenskelete hervorging. Dieser Apparat umfasst jedoch vier Bogenpaare, während im Zungenbein der Sauropsiden höchstens deren drei erkannt sind, wie ja auch das Zungenbein der Amphibien in der Regel die Rudimente von nur drei Bogenpaaren erkennen lässt. Dieses scheint mir von grosser Bedeutung, weil es die Säugethiere von jeder Näherung an Reptilien oder an die noch lebenden Amphibienformen ausschliesst. Dass aber auch mehr als jene drei Bogenreste sich erhalten können, lehren die Coecilien. Für die Stammform der Säugethiere wird ein Hyoid-Apparat mit vier Bogen

---

1 Dass bei einem Theile der Anuren ein als »Ringknorpel« bezeichneter Knorpel die Stellknorpel trägt, ist nicht als Ausdruck höherer Ausbildung der Luftwege anzusehen, und steht auch nicht etwa in Anschluss an die Befunde höherer Formen. Es entspricht jener Zustand nur dem sehr kurzen engeren Theile des Luftwege, welcher unter Entfaltung der Stellknorpel sich zur Stimmlade ausgebildet hat.

postulirt¹. Wir begründen diese Forderung mit den thatsächlichen Einrichtungen, wie sie bei den Monotremen bestehen, und von da aus in die höheren Abtheilungen modificirt sich fortsetzen. Der vierbogige Hyoidcomplex, wie ich ihn nannte, sondert sich dabei in zwei, den Hyoid- und den Thyreoidapparat, Bezeichnungen, welche man auch auf den primitiven Zustand übertrug, in welchem jene Sonderung sich noch nicht vollzogen hatte.

Dieser für die Monotremen durch Dubois begründeten Auffassung, welche bereits von der Sonderung ausgeht, möchte ich eine andere entgegensetzen, welche das Ganze als in seinen Componenten zusammengehörigen einheitlichen Apparat nimmt. Analysiren wir denselben, so ergiebt sich ein Bogen, der erste, in einem gegensätzlichen Zustande zu den übrigen drei. Jener erste Bogen ist nicht nur der beweglichste, sondern hat auch seine Gliederung behalten, während die folgenden jeder nur je ein einziges Glied repräsentirt (vergl. Fig. XV). Der zweite fügt sich noch beweglich an die Basis Ibasi-hyale, an, auch der dritte ist dieser verbunden und der vierte strebt wenigstens durch seine Lage dorthin, während er in der That mehr dem vorhergehenden angeschlossen ist. Ausser diesem engeren Zusammenschliessen der drei Bogenreste an der ventralen Seite ist der zweite mit dem dritten noch in terminaler Verbindung, bei Ornithorhynchus²), sogar synostotisch, und von dieser Verbindung erhalten sich noch Reste, selbst nachdem jener zweite Bogen mit dem ersten zusammen das aus zwei Bogenpaaren sich aufbauende Hyoid der Säugethiere hergestellt hat³).

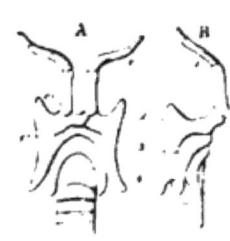

Fig. XV. Kehlkopf u. Zungenbeinapparat von Ornithorhynchus. A von vorn, B von der rechten Seite. 1 2 3 4 Hyoidbogen. c¹ c² Copula.

Die Vergleichung dieses Verhaltens mit dem Hyoid der Amphibien und Reptilien ergibt auch bei diesen eine grössere Selbständigkeit für den ersten Bogen resp. für seine Derivate. Der erste Hyoidbogen der Amphibien ist bei den Salamandrinen durch seine Abgliederung, auch durch voluminöse Entfaltung auffallend, in anderer Art wie bei den Anuren, immer jedoch in einem Gegensatze zu dem Verhalten der

---

1) Dass ich die Coecilien trotz des reicheren Hyoidapparates nicht zu jenen Stammformen rechne, bedarf kaum einer Begründung. Jenes Factum ist nur deshalb von Bedeutung, weil es zeigt, dass innerhalb des Amphibienstammes eine grössere Bogenzahl im Hyoid sich erhalten kann.

2) Es ist sehr auffallend, dass die genaueren Darstellungen des Hyoidapparates von Ornithorhynchus bedeutend von einander abweichen. Für die Copula des Zungenbeins (basi-hyale) schliesst sich das von mir untersuchte Exemplar mehr an Watkin's Darstellung als an jene von Dubois an. Dagegen bietet der zweite Bogen, besonders in seiner Verbindung mit dem dritten, Differenzen von Watkin, stimmt aber mit Dubois' Angaben nicht überein. Der vierte Bogen zeigt sich mir median verschmolzen, darin wieder von den beiden anderen Fällen verschieden. Ob hier Altersverschiedenheiten oder sexuelle Differenzen vorliegen, bleibt offene Frage, wenn auch für erstere manches spricht. Da das von mir untersuchte Exemplar sicher ein altes Männchen war, liesse sich manches, wie die vollständigere Ossification, aus Alterszustand erklären, wenn nicht die so grosse Verschiedenheit der Basi-hyale (Zungenbeinkörper) vorläge, wie eine Vergleichung meiner Figur mit denen der anderen Autoren ersichtlich macht.

3) Dass die Sonderung in jene beiden Abschnitte hervorrufende Moment werden wir in der Umgebung des vierbogigen Hyoidapparates zu suchen haben, nicht in diesem selbst. Die Beziehung zur Musculatur des Larynx, durch Insertionen der ventralen Abschnitte des Constrictor laryngis an den zum Thyreoid werdenden Segmenten des Hyoidapparates, dürften unter den Anlässen zu jener Differenzirung eine Rolle spielen.

folgenden zwei Bogenreste, welche einander mehr gleichartig und auch inniger unter sich verbunden sind. Bei den Reptilien trifft das wieder für die Eidechsen, indem das Hyoid der anderen sehr mannigfache Zustände an sich trägt. Immerhin giebt sich in dem Angeführten ein gemeinsamer Charakter für sonst sehr verschiedene Abtheilungen, wie Amphibien, Saurier und Mammalia, kund. Diese im Hyoidcomplex auftretende Sonderung leitet sich von der schon bei den Fischen erscheinenden, bei den Amphibien ausgeprägteren Verschiedenheit in den Beziehungen zu den Kiemen ab, welche den zweiten primitiven Kiemenbogen — eigentlichen Hyoidbogen — freigegeben haben, während die folgenden Bogen 1—3, bei den Amphibien noch Kiemen tragen. Dieser gleichen Function entspringt die mindere Verschiedenheit jener Bogen unter einander in Vergleichung mit dem eigentlichen Zungenbeinbogen.

Aus dem ursprünglichen Hyoidcomplexe löst sich aber das in das Thyreoid übergehende Bogenpaar. Dieses beginnt mit der Concrescenz der beiden Bogenstücke, woraus, wie Dubois durch die Vergleichung gezeigt hat, der einheitliche Thyreoidknorpel schon bei den Beutelthieren entsteht. Damit ist aber noch lange keine Ablösung vom Hyoid erfolgt, vielmehr zeigen beide, Hyoid und Thyreoid, innige Verbindungen, aus welchen der primitive Zustand hervorleuchtet. Indem das Thyreoid durch seine Höhe und andere ihm eigene Befunde sich von den beiden anderen sondert, kommt es, dass man diese zusammen als Zungenbein auffasst. Aber nur das erste erhält sich allgemein freier, während das zweite, stets durch ein einziges Knochenstück dargestellt, niemals vollständig aus der Verknüpfung mit dem Thyreoid heraustritt.

Wir treffen also den bei den Monotremen vorhandenen Hyoidcomplex bei den echten Mammalia in Hyoid und Thyreoid gesondert.

Die ursprüngliche Zusammengehörigkeit beider Abschnitte giebt sich vorzüglich in zwei Punkten zu erkennen. Einmal in der lateralen Continuität des zweiten Hyoidstückes mit dem Thyreoid, und zweitens in der Lage des Thyreoids über resp. auf dem Hyoid. Die Verbindung des zweiten Zungenbeinhornes mit dem Thyreoid bleibt in grosser Verbreitung in derselben Synchondrose, wie sie bei Monotremen vorkommt und sogar zur Synostose wird. Bei Beutelthieren und Halbaffen liegt jenes Hyoidstück dem Vorderrande des Thyreoid innig an (vergl. Fig. X) und selbst bei Affen Cebus, Ateles, ist es nur ganz unbedeutend abgerückt. Auch bei einer Entfernung des Zungenbeins vom Kehlkopf bleibt die Verbindung des zweiten Zungenbeinhornes mit dem Thyreoid noch knorpelig (z. B. bei Carnivoren). Dann zieht sich die knorpelige Verbindungsstrecke länger aus und geht theilweise in ein Ligament über. Die Affen bieten hierin sehr mannigfache Zustände. Ein Rest der Knorpelverbindung erhält sich auch beim Menschen im sog. Corpusculum triticeum des Lig. thyreo-hyoideum laterale, in welches jene Knorpelverbindung sich umgebildet hat[1]).

---

[1] Ob die im ganzen seltenen Fälle einer Verbindung des grossen Zungenbeinhornes mit dem oberen Thyreoidrande (siehe W. Gruber, Archiv für Anat. und Phys. 1876. S. 753, Henke, ibidem. 1859. S. 199) sich auf jene bei Prosimiern u. a. vorhandene Anlagerung beziehen lassen, ist mir sehr zweifelhaft, denn jene Abnormitäten zeigen die Verbindung nur an beschränkter Stelle, während sie bei Prosimiern in der Länge des Zungenbeinhornes statt hat.

Auch die Lagerung der Hyoidbasis auf dem Thyreoid ist wichtig, weil dadurch ebenfalls auf den niederen Zustand verwiesen wird. Wie der primitive Larynx mit dem Cricoid sich auf das Thyreoid schiebt, so dass er von letzterem theilweise umschlossen wird, so kommt auch das Zungenbein unter das Thyreoid zu liegen. Bei Monotremen findet diese partielle Ueberlagerung auch zwischen den beiden Bogentheilen des Thyreoid statt, indem der zweite Thyreoidbogen sich über den ersten schiebt. Man hat so eine ganze Reihe theilweise über einander getretener Stücke vor sich. An der Crico-thyreoid-Verbindung bleibt jener Zustand allgemein erhalten, wenn er auch meist nur die lateralen Theile betrifft. Eine Ueberlagerung des Thyreoid vom Zungenbein ist bei Prosimiern sehr verbreitet. Das Thyreoid schiebt sich hinter den Zungenbeinkörper. Auch bei platyrrhinen Affen, aber selbst noch bei niederen Katarrhinen (z. B. Inuus) findet es sich noch deutlich vor. Wir finden dieses selbst noch beim Menschen ausgeprägt. Dessen sehr breite, im Winkel gekrümmte Hyoidbasis wiederholt bei Embryonen die bei vielen Affen gegebene Form, und erinnert auch durch das bedeutendere Volum an jene Zustände. Bei Embryonen von 8 cm Länge ergiebt sich das Thyreoid in jene Knickung der Hyoidbasis eingeschoben (Fig. 9, Taf. II), wie dieses auch noch später[1], während längerer Zeit fortbesteht. Wir sehen daraus, dass auch nach einer fortgeschrittenen Sonderung des ursprünglichen Hyoidcomplexes der Säugethiere noch manche primitive Beziehung in modificirter Form festgehalten wird.

Der Vorgang der Ausbildung des Larynx der Säugethiere liegt in Bezug auf das Thyreoid ziemlich klar zu Tage, da er wohl innerhalb der noch lebenden Säugethier-Abtheilungen, bei den Monotremen beginnend, sich vollzieht. Dagegen konnte nur in hohem Grade wahrscheinlich gemacht werden, dass das Epiglottiskelet gleichfalls aus dem Kiemenskelete sich ableitet, nachdem es aus einem selbständigen, mit deutlichen Hinweisen auf eine ursprüngliche Duplicität versehenen Knorpel sich bildet, doch ist alles Nähere für den primitiven Zustand der Epiglottis nicht mit einiger Sicherheit zu ermitteln. Jener Zustand fällt in eine Periode der phyletischen Entwickelung der Säugethiere, von welcher uns nichts mehr erhalten scheint, wenn nicht künftig die Ontogenese der Monotremen Aufschlüsse giebt.

Ein Ueberblick auf die Metamorphose des Kiemenskeletes zeigt uns die reiche Betheiligung desselben am Aufbaue des Skeletes der Luftwege der höheren Vertebraten. Ich gebe diesen

---

Dagegen sind die mannigfaltigen Zustände des oberen Thyreoidhornes beim Menschen aus der auf verschiedene Art erfolgenden Trennung des continuirlichen Knorpels ableitbar, auch die Fälle, in denen das ganze Schildknorpelhorn zur Ablösung gelangte (Luschka in Virchow's Archiv, Bd. XLII). Vergleiche auch die von Sautter beschriebenen mannigfaltigen Befunde Ueber Anomalien des Schildknorpels. Diss. Kiel 1890). Auch der von Disseaux beschriebene Fall, in welchem das Lig. thyreo-hyoideum lat. durch eine in ihrer Mitte durch ein Gelenk getrennte Skeletverbindung des grossen Zungenbeinhornes und des Schildknorpels dargestellt war, verweist auf den ursprünglichen Zusammenhang, an welchem durch die Articulation eine abnorme Sonderung Platz gegriffen hatte (Journ. de l'Anat. et de la Phys. 1888).

[1] Vergleiche die Abbildung eines 6monatl. Embryo von Krukl (in Hasse, Anatom. Studien). Auch bei Neugeborenen ist die spätere Lage des Zungenbeines noch nicht erreicht. Auch G. W. Callender (On the formation of some of the subaxial Arches in man. Philos. Transact. Vol. 161) gab eine ähnliche Darstellung von jüngeren Embryonen. Für das Uebrige des Inhalts dieser Abhandlung glaubte ich, so sehr sich auch das hier behandelte Thema ihr nahe zu stellen scheint, ein näheres Eingehen unterlassen zu dürfen.

Ueberblick in der folgenden Tabelle, die ich mit den Notidaniden beginne, da uns bei diesen unter allen Gnathostomen der Kiemenapparat durch die grössere Zahl seiner Bogen als der primitivste sich darstellt. Es soll daraus die Vorstellung der hier Platz greifenden Reductionen eine Unterlage gewinnen. Von den Fischen schloss ich die Dipnoer aus, da sie unter sich wieder differente Verhältnisse darbieten: Protopterus mit sechs, Ceratodus mit fünf Kiemenbogen, die des letzteren in Uebereinstimmung mit Teleostiern, jene des ersteren nicht mehr in voller Ausbildung, ohne mediane Vereinigung, schwache Knorpelstäbchen. Die Amphibien können nur mit den Larvenformen der Urodelen in Betracht kommen. Die ausgebildeten Zustände bieten keine Anschlüsse mehr. Auch von den Sauropsiden gilt das, wenn auch in anderem Sinne, da deren Kiemenskelet in eine nicht mehr zu den Säugethieren führende Hyoidbildung überging.

Uebersichtstabelle der Metamorphose der Kiemenbogen der Gnathostomen, mit Anschluss der Sauropsiden.

| Primäre Bogen | Selachier | | | Teleostier und Störe | Amphibien Larven d. Urodelen und Perennibranchiaten | Promammalia (Monotremen) | Mammalia |
| | Notidaniden | | Pentanche Selachier | | | | |
	Heptanchus	Hexanchus					
I.	Oberkiefer und Unterkiefer			Palato-quadratum und Cartil. Meckelii		Incus, Malleus und Cartilago Meckelii	
II.	. . . Hyoidbogen . . .				Columella und Hyoidbogen	Stapes	Hyoid
III.	. . . erster Kiemenbogen . . .					2 Hyoidapparat	Hyoid
IV.	. . . zweiter Kiemenbogen . . .					3	
V.	. . . dritter Kiemenbogen . . .						Thyreoid
VI.	. . . vierter Kiemenbogen . . .				Kiemenbogenrudiment	Epiglottisknorpel	
VII.	fünfter Kiemenbogen ohne Kieme			Kiemenbogenrudiment (Os pharyng. Inf.)	Cartilago lateralis	Ary-crico-tracheal-Knorpel	
VIII.	sechster Kiemenbogen ohne Kieme			—	—	—	
IX.	siebenter Kiemenbogen (ohne Kieme)				—		

Der Stützapparat der Kiemen zeigt sich nach vorstehender Uebersicht bei den Ichthyopsiden in einer von hinten nach vorn fortschreitenden Reduction begriffen. Wir nehmen davon Act, dass je ein in einer der angeführten Abtheilungen verloren gegangener Bogen bereits in der vorausgehenden Abtheilung in reducirter Form bestand oder doch keine Kieme trug, und dadurch seinen Untergang vorbereitete. Daraus erhellt der hohe Werth der Kenntniss der nächst niederen Form. Nicht minder wichtig erscheint, dass jener Verlust ein absoluter ist, insofern es nicht zu einer ontogenetischen Wiederholung des vorausgegangenen Zustandes kommt. Der jeweils letzte Bogen der Selachier erhält sich, obwohl ohne Kieme, weil die Kiementasche, der er angehört, noch zur Ausbildung kommt, und diese besteht für die dem vorhergehenden Bogen zugetheilte Kieme. Das Bogenrudiment steht noch indirect in Beziehung zu den Kiemen. Wie uns die Ontogenese also nur die jeweils in Gebrauch gezogenen Kiemenbogen darstellt, wie sie auch am ausgebildeten Thiere vorkommen, so hat sie die Beziehung zu den vorausgegangenen Zuständen verhüllt. Diese erfahren wir nur durch die Vergleichung. Wären unsere Kenntnisse von den Selachiern nur auf die pentanchen Formen beschränkt oder ignorirten wir die Verhältnisse der Notidaniden, so würde auch die Ontogenese der ersteren den letzten Bogen nicht anders als die Anatomie beurtheilen lassen, es bliebe fraglich, ob wir darin einen wirklichen Kiemenbogen zu sehen hätten. Die Bestätigung wird uns durch die Vergleichung, deren Weg durch die Prüfung des gesammten Visceralskeletes gewiesen wird. Die Vorstellung von der keineswegs überall ausreichenden Bedeutung der Ontogenese muss dadurch festen Boden gewinnen. Das kritische Verhalten hat auch hier ein Recht, und hat nicht minder bei den Neugestaltungen, welche in der höheren Abtheilung am Apparat der Kiemenbogen auftreten, zur Geltung zu kommen.

Die erst bei den Amphibien Platz greifende, wenn auch schon bei Fischen in Vorbereitung befindliche Art der Athmung, welche der Kiemen allmählich nicht mehr bedarf, ist auch ein Wendepunkt für das Schicksal von deren Bogen. Der bei der Mehrzahl der Selachier wie bei Ganoiden und Teleostiern ausser Dienst gesetzte letzte Kiemenbogen, der bei den Teleostiern seine rudimentäre Existenz vorzüglich nur durch seinen Zahnbesatz gefristet hat, hat sich dem directen Anschlusse an die anderen, vorhergehenden, entzogen. Diese Entfremdung zeigt sich auch in seinem viel späteren Auftreten. Er ist mit den sich ausbildenden Lungen an die dazu leitenden Luftwege gelagert als paariges Knorpelstück, Cartilago lateralis. Diesen Knorpel haben wir in seinen Differenzirungen dargestellt. Ein Theil des Kiemenskeletes bleibt also im Dienste der Athmung auch in deren neuer Form. Es ist das erste Stück, welches aus dem weit verbreiteten fünfbogigen Kiemenapparat der Fische bei den Amphibien für die Kiemen entbehrlich ward.

Die Ausbildung der vordersten Sonderungsproducte der Cartilago lateralis zum primären Kehlkopfe lässt diesen als einen besonderen Abschnitt der Luftwege erscheinen, der nach vorn rückend Beziehungen zu anderen Theilen gewinnt, und diese sich dienstbar macht. Der Apparat des Zungenbeins, aus einer Anzahl erhalten gebliebener Kiemenbogenreste entstanden, die dem schon von den Fischen an differenzirten Zungenbeinbogen sich anschlossen, nimmt bei den Amnioten den primären Larynx auf, welcher sich auf ihn lagert und seine Musculatur damit in Zusammenhang zeigt. Während aber bei den Sauropsiden nur von zwei Kiemenbogen Theile dem primären Hyoid sich anschliessen, kommen drei bei den Säugern hinzu, davon gehen die zwei letzten durch Concrescenz ins Thyreoid über, welches zum Kehlkopf in engere Verbindung tritt.

Der Kehlkopf der Säugethiere hat aber noch eine neue Erwerbung gemacht, die Epiglottis, deren Knorpel wir nur auf den bei Amphibien bereits rudimentär erscheinenden vierten Kiemenbogen, der bei den Fischen noch in seiner primitiven Function steht, beziehen konnten. Sein spätes Auftreten und die Umwandlungen, die er auch geweblich erfährt, entzogen ihn der Erkenntniss. Wie die von den Amphibien zu den Promammalien leitenden Formen uns unbekannt sind, ist damit auch die Art und Weise des successiven Ueberganges jenes Rudimentes eines vierten Kiemenbogens der Amphibien in ein Stützorgan der Epiglottis in Dunkel gehüllt. Aus diesem treten nur wenige aber wichtige erleuchtete Punkte hervor, die uns auf die Spur der Abstammung leiten. Vor allem die Thatsache, dass der Knorpel kein Schleimhautproduct ist, sondern ein echtes Skeletgebilde, welches durch Wucherungen seines Gewebes auch die es überkleidende Schleimhaut zur Epiglottis einbezogen hat. Die ihm zukommende Stützfunction theilt es der gesammten Epiglottis mit, und lässt sie in dieser Leistung durch die Reihe der Säugethiere eine für die Athmung wichtige Rolle spielen, indem dieses Gebilde erst dem Offenhalten des Luftweges dient, und zuletzt noch ein Schutzorgan für den Larynxeingang abgiebt. Diese Auffassung der Epiglottis vervollständigt die Vorstellung von der Verwendung der Abkömmlinge des ganzen hinteren Abschnittes des Kiemenskeletes — vier Kiemenbogen — zum Dienste der Athmung. Jene Abkömmlinge zeigen sämmtlich Umgestaltungen der mannigfachsten Art, Anpassungen an neue Verrichtungen, wie sie aus dem neuen, höhere Leistungen erzielenden Organe der Luftathmung hervorgingen. Die alte, die ursprüngliche Function jener Skelettheile ist also keineswegs an der Nachkommenschaft verschwunden. Sie bewährt sich noch in den vielerlei Gebilden, die aus jenen Theilen entsprungen sind, in keinem derselben ist die Bedeutung für den respiratorischen Apparat zu Grunde gegangen.

An die Erhaltung von Resten des gesammten Kiemenapparates der Fische und an die eigenthümliche Umbildung der letzten vier Kiemenbogen knüpfen sich die mit den Säugethieren neuauftretenden Einrichtungen im Gebiete des Pharynx. Sie erweitern die Kluft, welche die Mammalien von den Sauropsiden trennt. Der in Vergleichung mit den letzteren den Säugethieren reicher zugemessene Theil von Skeletgebilden aus Resten von Kiemenbogen bedingt die Vervollkommnung des Kehlkopfes im Allgemeinen, und im Speciellen giebt die Conservirung von Knorpeltheilen aus dem vierten Kiemenbogen zum Aufbau der Epiglottis, durch deren Wichtigkeit für jene pharyngealen Umgestaltungen für einen guten Theil der höheren Organisation dieses Vertebratenstammes die Bedingung ab.

Figuren-Erklärung der Tafel I.

Für alle Figuren gültige Bezeichnungen:

Hg Zungenbein, *Ep* Epiglottis, *gl* Drüsen, *Th* u. *Th'* Schildknorpel, *Ek* Epiglottisknorpel, *cr* Ringknorpel, *ar* Stellknorpel.

Fig. 1. Theil eines Querschnittes des Epiglottisknorpels von Echidna setosa. *p* Perichondrium, *gl* Grenze der Drüsenschichte der Schleimhaut an der laryngealen Fläche.
Fig. 2. Querschnitt des Kehlkopfes von Mus decumanus. *l* Kehlkopfeingang, *f* Fauces, Sinus piriformis, *pp* Wandung der Pharyngo-nasal-Tasche mit Muskelschichte.
Fig. 3. Querschnitt von demselben Kehlkopf an einer tieferen Region. *ar* Schleimhaut über den Stellknorpeln.
Fig. 4. Querschnitt des Kehlkopfes von Rhinolophus hipposideros (vordere Hälfte). *k* Fragmente des Epiglottisknorpels.
Fig. 5. Ein Theil aus einem ähnlichen Querschnitte bei stärkerer Vergrösserung. *E* Epithel des Larynxeinganges, *k* Knorpelinseln.

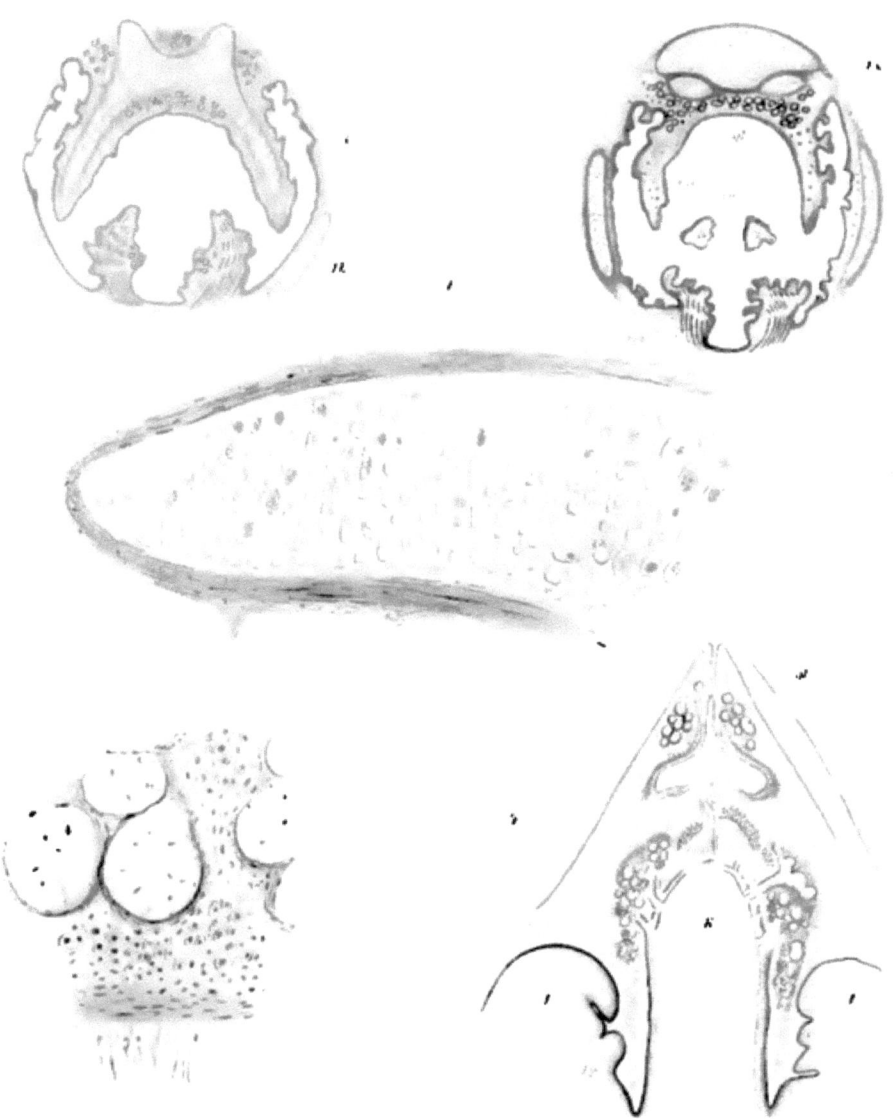

Figuren-Erklärung der Tafel II.

Für alle Figuren gültige Bezeichnungen:

Hy Zungenbein, *Ep* Epiglottis, *gl* Drüsen, *Th* u. *Th'* Schildknorpel, *El* Epiglottisknorpel, *cr* Ringknorpel, *ar* Stellknorpel.

Fig. 6. Querschnitt durch Epiglottis und Schildknorpel von Lepus cuniculus juv.

Fig. 7. Aehnlicher Querschnitt tiefer abwärts.

Fig. 8. Mediansehnitt durch den Kehlkopf und seine Umgebung von Perameles (Beuteljunge von 35 cm Länge). *Pa* Gaumensegel, *p* hinteres Ende des Isthmus pharyngo-nasalis, *m* vorderer Theil des Thyreo-arytaenoid-Muskels, *ia* Inter-arytaenoid-Muskel, *Z* Zungenwurzel.

Fig. 9. Mediansehnitt durch den Kehlkopf eines 8 cm langen menschlichen Embryo mit der Zungenwurzel. *gd* M. genio-hyoideus, *gg* M. genio-glossus, *ls* M. lingualis superior, *ia* M. interarytaenoideus, *tr* erster Trachealring. *gl. th* Schilddrüse.

Fig. 10. Anlage des Laryngo-tracheal-Skelets einer Larve von Salamandra maculosa im Beginne der Verwandelung. *u* unpaarer Luftweg, *p* Beginn der Lungen, *cl* Cartilago lateralis, *a b c d e* Sonderungen in der Cartilago lateralis.

Fig. 11. Vorderer Theil der Cartilago lateralis, stark vergrössert.

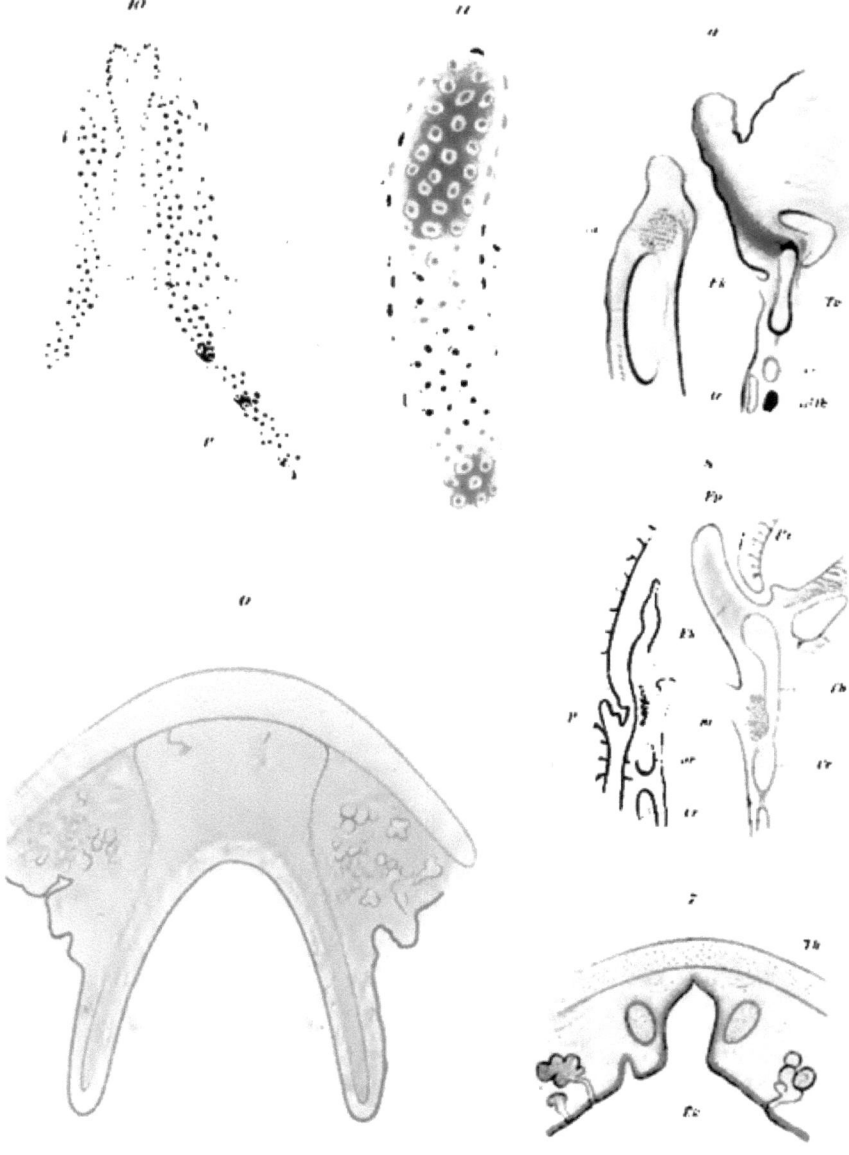